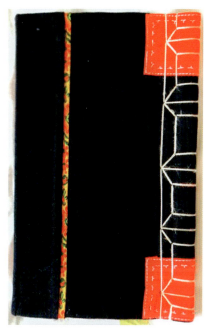

女书《贺三朝书》（胡美月提供原件）

女书《贺三朝书》内页

女书《贺三朝书》内页

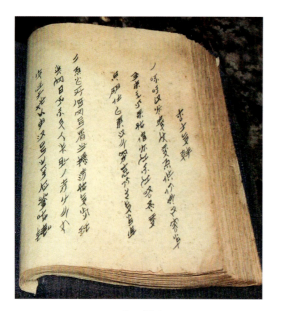

女书手抄本

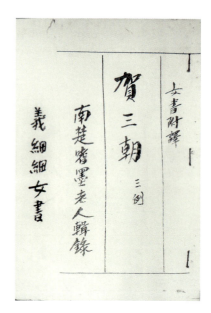

义细细作品集

带有女书字符的织物

女书自然传人高银仙（2019 年翻拍）　　　　女书自然传人阳焕宜（摄于 2004 年）

左起唐宝珍、高银仙、义年华（摄于 1988 年 8 月 11 日，史凯姗提供）

女书传人何艳新（摄于 2019 年）

女书传人胡美月（摄于 2013 年）

女书传人何静华（摄于 2007 年）

湖南省妇女研究会

湖南省妇女研究会重点课题（19WTA01）成果
湖南省哲学社会科学规划基金重点委托项目（15WTB25）
湖南省社会科学成果评审委员会课题（XSP22YBC372）

骆晓戈 / 编著

解读女书

湖南大学出版社
·长沙·

图书在版编目（CIP）数据

解读女书/骆晓戈编著. —长沙：湖南大学出版社，2022.8
ISBN 978-7-5667-2420-5

Ⅰ.①解⋯　Ⅱ.①骆⋯　Ⅲ.①女书—研究　Ⅳ.①H123

中国版本图书馆 CIP 数据核字（2021）第 277187 号

解读女书
JIEDU NÜSHU

编　　著：骆晓戈	
责任编辑：刘湘琦	
印　　装：长沙创峰印务有限公司	
开　　本：710 mm×1000 mm　1/16	印　张：15.25　字　数：219 千字
版　　次：2022 年 8 月第 1 版	印　次：2022 年 8 月第 1 次印刷
书　　号：ISBN 978-7-5667-2420-5	
定　　价：62.00 元	

出 版 人：李文邦
出版发行：湖南大学出版社
社　　址：湖南·长沙·岳麓山　　　邮　编：410082
电　　话：0731-88822559（营销部），88821594（编辑室），88821006（出版部）
传　　真：0731-88822264（总编室）
网　　址：http：//www.hnupress.com
电子邮箱：395405867@qq.com

前　言

　　江永女书是 20 世纪 80 年代被外界发现的世界唯一现存的女性文字，仅仅流传于中国湖南江永的潇水流域。江永女书诞生于湖湘大地，体现的是湖湘女性敢为人先、敢于创新、敢于反抗封建压迫的湖湘精神，与近代中国妇女运动中横空出世的红色湘女群体在追求进步、追求民族独立、追求自身解放中展示出来的红色湘女精神一脉相承，她们都是湖湘文化这块特定的精神沃土培育出来的女性解放的先行者群体。

　　江永县位于传统的男尊女卑性别制度统治薄弱的中国南部山区，由于地理自然条件特殊，尤其是水源丰富和土地缺少，导致"从夫居"的村落不可能成为妇女幽居空间，而成为兼有妇女交往的公私融合的场所。由于相对自给自足和男耕女织的经济生活方式，家国同构的社会结构和"山高皇帝远"的礼俗教化弱化的管理模式，区域乡土文化呈现妇女结拜姐妹、记录妇女心声、传承女性文字的特殊风俗，因此江永女书打破了男权封建传统社会下女性群体的沉默和失语，为我们提供了中国妇女传承女性文字并写作的案例。

江永女书作为国家级非物质文化遗产，其代表性传承人先后 3 次走进联合国展示女书习俗和女书作品，女书书法作品成为我国赠送给联合国教科文组织的礼品，向世界展示了女书文化的深厚历史渊源和独特魅力。湖南女子学院女书文化研究所先后 7 次召开学术研讨会，相关单位专家参加研讨，为女书传承保护指明了方向。

正本清源，推陈出新，阐述原生态江永女书在中国妇女写作和民间文学中的价值，抢救保护濒临消失的原生态非物质文化遗产，对指导大众文化规范推广江永女书，江永女书传承中的规范管理都具有现实意义。

一、江永女书的源头

据史料记载，在清代已经有女书流传，目前能够查阅历史最为久远的女书作品有《永历皇帝过永明》[①]，而永历是明昭宗皇帝朱由榔（1623—1662）的年号，其时清王朝已经建立。女书写作的主体是中国江永潇水流域的乡村妇女群体，她们用独特的性别

---

① 杨仁里，陈其光，周硕沂. 永明女书 [M]. 长沙：岳麓书社，1995.

文字创作女书，写作妇女自传体文本，用当地方言吟诵。女书既是一种妇女写作，也是一种民间文学。女书是在江永县上江圩镇及其近邻一带的妇女中传承的，以妇女所专用的一种记录当地方言的特殊表音文字体系为内核的社会文化现象。女字、女书、女歌、女红及其传承的民俗活动共同构成了女书这一独特的文化空间。江永女书先后被列入中国档案文献遗产名录、湖南省十大民族民间文化遗产、吉尼斯世界纪录和全国首批非物质文化遗产名录。

中国文学历来有民间采风的传统，作为文学经典的《诗经》就是采集传统中国周代的民间诗歌编辑而成。江永女书是一种中国湖南民间妇女的群体诗歌书写，而在女性学背景下对女书进行中国民间文学领域的研究，海内外女书研究的学者们一直在坚持。

二、江永女书的价值

（一）湖湘文化中先进性别观的瑰宝

从江永女书作品内容来看，江永女书的最宝贵之处是以女性群体为写作主体，传承女性经验，大大打破男权文化下女性的失语和沉默。而最能代表这种精神的江永女书作品是当地女书传人用女书文字写下的自传，以及请会女书的人代写的自传。这一类女书流传甚少，多数在"人死书焚"的当地女书习俗影响下失传。

目前在清华大学出版社出版的《中国女书集成》① 中收集的江永女书自传共有 36 篇。

正如当代美国华裔学者高彦颐在《闺塾师——明末清初江南的才女文化》② 一书中指出，明末清初社会性别体系的弹性，不是建立在压制女性的约束力上，而恰恰相反——它为表达的多样性留下了机会。但不管在事后认识中它们的约束怎样，受教育的女性都抓住了这些机会，以此作为个人满足和争取更大社会性别平等的手段。此研究打破了西方中心论对中国妇女压迫—反抗的二元对抗模式的概念化解读，这是被称为儒家父权制的基本悖论：它既比西方女权主义者和中国现代主义者话语所估计的力量要大，也比其估计的力量要小。

透过女书作品我们可以看到，女书写作者及传承使用者是这样一群女性：她们在现实生活中受到儒家"三从四德""三纲五常"的束缚，饱受包办婚姻的痛苦，可是她们又都是个性张扬的"君子女"，通过女书写作表达强烈的抨击封建礼教"只怨朝廷制错礼"的思想，表达男女平等的愿望，而且她们鄙视男性所热衷的功名富贵，对于表达自我和情感交流都有着强烈的要求和渴望。女书，这种极具勇气和突破性的书写颠覆了中国古代女性柔顺卑微的形象。

江永女书是出自中国妇女心中的歌，江永女书作为妇女创造

---

① 赵丽明. 中国女书集成：一种奇特的女性文字资料总汇 [M]. 北京：清华大学出版社，1992.
② 高彦颐. 闺塾师：明末清初江南的才女文化 [M]. 李志生，译. 南京：江苏人民出版社，2005.

的文化活动，同时也是当地妇女"女织"的一种劳作、一种经济活动，女书不仅仅有纸质文本，也多见于妇女的服饰衣帽。女书作为妇女自传的书写，很多发自妇女对结拜姐妹的喜爱，这种社会网络支持着江永女书发展，追求共同的理想和信仰是江永女书的精神支柱和灵魂。因此，江永女书的研究和保护能够很好地促进当代中国妇女研究，同时也能为世界妇女运动与妇女写作提供宝贵的中国经验。江永女书展现了江永女性如何在中国传统男耕女织文化中争取男女平等的独特文化。

研究江永女书的中国民间文学价值，有助于我们增强文化自信，发掘中国文化中内含的妇女文化正能量，有利于今天男女平等的新型社会中妇女创造力的发挥和能力建设。

（二）独特的方言语言文字体系

在江永女书数字博物馆中，江永女书是这样被定义的：女书，最为直观的表现是女字，是世界上仅存的唯一的女性文字，因为仅在中国湖南省永州市江永县上江圩镇及其近邻的区域流传，因此，大家称之为"江永女书"。通俗地概括，江永女书是一种记录当地土话发音、仅在妇女中传承和使用的特殊文字，也被称为"妇女文字""女字""女书"。根据学者们的研究，女书是一种借源汉字，按照特殊的以江永方言为基础的构字方式形成的表音文字体系，有500~700个原创字符。

（三）独特的妇女传播群体

江永女书文本几乎都是可以吟诵和说唱的话本。从江永女书作品的传承方式来看，日本学者刘颖①根据女书口头传诵的属性，将女书分为两类：一类是具有集体性和公开性的女书歌，另一类是具有个体性和私密性的自创女书歌。将女书的传承方式以同心圆图示描述，可以分为三圈：圆心即内核是一圈，私密性强，在有着亲密交往的结拜姊妹或者母女间交流，这一类作品一般是吟诵而不是高声歌唱。台湾学者刘斐玟在她的研究文章中写道："如果你问当地妇女，女书都写了什么？得到的答案千篇一律：'诉可怜'。'诉可怜'一语道出了女书在传统江永社会中所扮演的角色：宣泄与申诉。"人死书焚，主要指这一类。第二圈，半公开，例如姊妹结交书、贺三朝书等书信类，不完全在公共场合流传，但是在家族的女友间人情交往、红白喜事时使用。第三圈，即外圈，指的是用于公开场合的，例如女性出嫁坐歌堂、哭嫁歌、读扇，这一类的特点是适合高声歌唱，强调的是曲调，并且易学，通过集体创作口头传播，适合人群合唱。

我们不难看出，愈是代表女书精神的传播方式，愈是私密性强、自创性强的女书作品，这类作品不是高声歌唱的文本，而是私下交流的宣泄与申诉的文本。因此征集、整理与汇编江永女书传人生平资料，包括江永潇水流域女书世家的家谱史料，如自传、族谱家谱，以及县志等各类对江永女书传人的记录，了解江永女书传人的活动及其有关的经贸、宗教、文化交流等的具体情况与

---

① 刘颖."女书习俗"的内涵及其"口头性"考 [J]. 日本常民文化纪要，平成二十九年三月，第三十二辑.

背景材料等，力争对历史上江永女书传人活动有更客观更全面的准确描述十分重要，同时，有助于修复江永女书原生态的本土记忆，了解在传统文化背景下中国独特的女性写作及其传播的内容、形式和环境。

当下，江永女书非物质文化遗产进入乡土教育的领域，这对于弘扬民族文化是一件好事。但是，几千年的传统文化是泥沙俱下的，精华与糟粕同在，如何在倡导平等的社会主义核心价值观指导下对江永女书进行甄别、挑选和鉴定，如何去伪存真、规范管理也就成为传承和保护江永女书的必修课程。

三、如何研究江永女书

江永女书研究不仅仅是文字学、中国民间文学的研究，还应当援引马克思主义妇女观和女性/社会性别学等后现代学理与概念，这应当是一种跨学科的综合研究。

在女性/社会性别学领域，20世纪上半叶，英国作家弗吉尼亚·伍尔夫在女性主义经典《一间自己的屋子》里写道，女性要有一间自己的屋子，要有独立的财产基础，这样她就可以摆脱男性的桎梏，享受独自思考与写作的自由。可见性别视角并非一个静态的简单化的概念。法国哲学家福柯在他的《性史》一书中指出，对于女性运用权力程度的分析，应基于其社会地位、地域和肩负的使命，亲属关系和家庭关系，个人修养、素质、技巧以及她在生命周期中的位置采取三重动态模式，而不是采取对妇女的

"压迫—反抗"静态二分模式，对具体问题做具体分析，需要掌握包括男性和女性是如何生活的、他们如何看待自己的生活、占优势的意识形态是如何影响的等问题。而美国女权主义史学家琼·W. 斯科特指出，社会性别是一个有用的历史分析范畴，将妇女写入史册必然意味着重新定义和拓宽关于历史意义的传统观念，意味着在公众和政治活动之外还要包容个人的和主体的体验。①

以江永女书为案例研究，梳理和研究的对象是与西方妇女文字学、语言学不同的中国传统学术影响下的女性写作。国学大师钱穆先生认为，在特定的生存环境下形成了中国传统学术的两大走向，一是心性之学，一是治平之学。心性之学，指的是道德自我修养，包括审美情趣等；治平之学，指的是修身齐家治国，也就是我们今天所说的政治和历史。② 我们在进行江永女书的梳理中发现，当地妇女在男耕女织的经济生活中，通过咏叹、唱和抒发情感，通过"针线"交流绣品，追求真善美，企求达到天人合一的完美人生境界，从而高扬姐妹情义，突破男权统治的樊篱。

"地方性知识"③ 概念的引入，将提升女书的传承意识与研究能力。规范传承，也使江永女书真正为多学科多领域探究其思想内涵和实践特色提供了可能——它不仅可以为原有的概念框架添加新的研究主题，还能使以往的研究概念框架本身发生变化。

---

① 琼·W. 斯科特. 社会性别：一个有用的历史分析范畴 [M] //王政，张颖. 男性研究. 上海：上海三联书店，2012：5.
② 钱穆. 中国历史研究方法 [M]. 北京：生活·读书·新知三联书店，2002：83.
③ 叶舒宪. 地方性知识 [J]. 读书，2001 (5)：121-125.

　　本书在对江永女书十余年研究的基础上，对女书原生态作品进行归类解读，力争保存江永女书的整体风貌，传播与研究江永女书，并指导江永女书的课程教学。《解读女书》主要读者对象为江永本土人群、江永女书爱好者并适用于江永女书研学培训。

　　本书的第一部分为"江永女书·本土记忆"，包括田野笔记、访谈记录、女书民谣和女书作品；第二部分"江永女书·文本赏析"，由四篇独立成篇的论文组成。部分女书民谣和女书作品提供了当地方言的女书吟诵，扫描封面勒口的二维码，便可进入江永当地女书传人的语音吟诵链接。附录部分，由三个板块影印件组成，第一个板块为谜语：女书与汉语对照影印件，由湖南工商大学文新学院女书项目组的同学抄写；第二个板块节选自岳麓书社出版社的《永明女书》；第三个板块为胡美月抄写的三朝书选编影印件。在付梓之际，特向所有为解读女书、传承女书辛勤付出的师生表示感谢！

　　从 2000 年至今，我们生活的世界发生了巨大的变化。一方面科学技术的进步有利于我们对女书文化资源的保护和传承，另一方面也为本书的编著工作带来了一定的挑战，尤其是在乡村振兴战略背景下，为适应现代新农村建设而进行的行政区域划分调整，与当年的田野调查笔记内容出现不一致的情况。由于实地调查走访耗费了大量的人力、物力资源，为尊重团队劳动成果，因此本书将适度保留笔记内容不作修改。

　　自 2000 年实地走访女书研究者和女书传人以来，我们提出对女书进行女性学背景下的历史的、跨学科的综合分析，将妇女作为研究对象，研究中国妇女在农耕文明的背景下如何打破男尊女卑、男主女从的性别结构，发挥主观能动性，发掘宝贵的本土女性精神资源，为中国女性文学、民间文学研究打开思路，提供鲜活的中国本土女权经验。本书由骆晓戈负责全书编著，王凤华负责统筹协调，周红金负责江永女书吟诵音频录制以及互联网平台发布，谭思霞、田曼、高慧子担任助理，周凤姣担任全书校对。除了湖南女子学院女性发展研究院和女书研究所的支持，我们江永女书研究团队还得到了湖南女子学院和湖南工商大学文新学院、湖南省麓山枫社会工作服务中心江永县社工站、江永女书·意象艺术馆的大力支持，得到教育部、国家民族事务委员会、湖南省哲学社会科学规划办公室、湖南省教育厅、湖南省政协、湖南省妇联的课题支持，以及湖南省博物馆、永州市民族事务委员会、江永县委县政府、江永女书园以及江永女书传人的大力支持。特此鸣谢！

2020 年 6 月 11 日

目　次

第二部分　江永女书·文本赏析 / 119

一、江永女书：中国妇女的群体写作 / 119

第一部分
江永女书·本土记忆

一、乡土·女书村落

　　江永县位于湖南省南部，东邻江华瑶族自治县，南毗广西富川瑶族自治县，西交广西恭城瑶族自治县，西北为广西灌阳县，东北与道县接壤。在这一片面积为 1629.15 平方公里的土地上居住着 17 个民族，2019 年末，全县总人口 29.31 万，其中瑶族占 63.2%。这里大体为"六分半水三分半田土"，属于亚热带季风气候，四季分明，天气温和，"暑不烁骨，寒不侵肤"，光照充足，雨量充沛，无霜期长，少有积雪，宜于种养业。

　　临近的宁远有因远古时期的舜帝南巡而闻名的九嶷山，相邻的道县是北宋时期著名理学家周濂溪先生潜心研究儒学的地方。江永县虽地处偏远，却是儒学浸淫之处，同时还是历史上被称为"蛮夷"的南方少数民族文化的繁衍之地。得天独厚的地理位置使得这里远离皇权，同时也远离战乱、瘟疫和饥荒。这里的村庄动辄都是历史上千年的古村落。都庞岭和萌渚岭以及其他大大小小的山脉形成一道道天然屏障，使得这里有了一种相对平静稳定的男耕女织与自给自足的生活环境。

　　据当地村民介绍，这里的地理环境"六分半水，三分半田土"，"六分半水"是实，"三分半田土"中只有半分田土，三分是山。历史上这里人烟稀少，自然资源丰富。男人们不论上山还是下水，一去都是一年半载的。

村子里自然成了妇女们的"天下",女人们有了属于自己的时间和空间。

女书的主要分布地域为湖南省江永县上江圩镇的呼家、荆田、浦美、高家、杨家、葛覃、夏湾、兴福、吴家、龙田、锦江、白巡、棠下、杨家巡、浮桥头、弯头、浩塘、朱家湾、新宅、崅里、甘益、棠尾、甘积头、桐口村,毗邻的允山镇(阳家、社下)、黄甲岭乡(龙会、凤田、阳家)、铜山岭(河渊)、千家峒等乡镇,以及相邻道县的田广洞、雷福洞、麦山洞等地区,共 30 多个村镇。

(一) 田野调查材料

2012 年 8 月 17 日至 21 日,骆晓戈教授带领的女书课题组学生走访了女书流传的 25 个村落;2013 年 7 月 23 日至 29 日,课题组走访了女书流传的 30 个村落。两次对江永女书流传地实地调查的记录整理如下。

1. 上江圩

简介[①]

上江圩是地处潇江边的贸易场所,故而得名。在很长时间内,上江圩在地图和地理书籍上又被写作"上冈圩"。村委会驻上江圩,辖钱塘、神湾、浩塘、吴家等 11 个村民组。上江圩镇总面积 4.7 平方公里,辖区内耕地面积 96 公顷,有居民 436 户,共 1751 人。交通方便,经济活跃。

走访

2013 年 7 月 23 日,我们清晨从长沙出发,中午 12 点抵达江永县城,下午 4 点到达上江圩。女书传人高银仙的孙子胡强志迎候我们。在他的带领下,我们从一座水泥石拱桥进入浦美女书岛,这里的老地名是浦尾坊,四面环水,整个面积有 6 平方公里。站在上江圩镇,与女书岛隔水相望,只见

---

① 本章的村镇简介资料主要来源于女书课题组 2012、2013 年实地走访女书流传村落的田野笔记,并综合江永县人民政府网站及路路通地名网页等信息。行政区划、耕地信息、人口信息均截至 2014 年底。

沿岸老树垂荫，古镇黑色吊脚楼屋顶，汲水码头，从山涧汇集而来的江水流经石拱桥，千年风范犹存。

2. 浦美

简介

浦美，又名普美、浦尾、小浦美，为下新屋村的一个村民组，是江永女书生态博物馆所在地。

下新屋村委会驻下新屋，辖浮桥头、大宅胡、上新屋、浦美等 8 个村民组。总面积 2.51 平方公里，耕地面积 48.2 公顷，人口 283 户，1171 人。

女书园是江永女书生态博物馆记录、保存女书文化的资料中心，主要通过实物、文字、图片、音像等形式，展示女书原件文献、作品、工艺、书法、学术成果与民俗风情，全面介绍女书厚重的文化内涵和独特的人文魅力。

走访

在女书高银仙的传人胡强志家吃了晚饭，天色已经朦胧，踩着青石板路，我们路过女书歌堂旧址，这里是原来村里的妇女聚集在一起做女红、唱女书的地方。村子里住宅挨得很紧密，村里人共用一个晒谷坪。村子里谁家要操办红白喜事，一般会使用祠堂公房迎亲贺喜或者送葬吊丧。村子里的公共场所，当然也就成了当地女书创造和流传的场地。现在这所老祠堂公房已经破旧不堪，黑黢黢的烟囱不再冒烟，笔者朝那屋子的窗格望去，觉得里边尤其的黑，似乎有着无穷的幽深，大门沾满了尘土，几乎看不出原来油漆的颜色，门前的台阶上已经野草丛生。

浦美村四面环水，房前屋后随处可见水井和溪流，盥洗和浇灌只是举手之劳。夏季里，每天几乎都有一两场雨。遥想在男耕女织自给自足的经济社会中，有水就代表着生活与交通的便利，风调雨顺就是大自然最大的恩赐。

这里的妇女可以聚到一起写女书、唱女书。首先是因为这里不缺水，不用远道取水，妇女就多出一些闲暇时光；同时这里没有私家小院，只有男人和女人都有交流的公共空间。据当地女书研究者何祥禄说，当地妇女以往过"斗牛节"（一种妇女姐妹打平伙聚餐的习俗）就是在祠堂进行的，有的家族还称女人们聚会的地方为"小祠堂"或"私厅"。

据《闺中奇迹——中国女书》① 记载的女书传人基本情况，浦美村出生的女书自然传人有胡慈珠等4人，嫁到此村的女书传人有高银仙、唐宝珍等3人。

3. 龙田

简介

龙田山脉像龙一样逶迤，伸延到田地旁，故名。村委会驻龙田，辖潮水、宅下、楼下、毫子下等10个村民组。总面积6.27平方公里，耕地面积102.6公顷，有居民404户，共1740人。

走访

龙田村，是上江圩镇辖下的一个村庄。青砖灰瓦，青石小道，淙淙小河，勾勒出别有韵味的江南村落。村口的杨家祠堂，更是另一种古色古香。青石板、青灰砖、屏风、石雕、谷场、古树、古门、雕花，展现了杨家祖祖辈辈的传统、信念与期望。

在龙田村村支书的带领下，我们走进了一户具有浓厚古朴气息的人家。堂屋门前有位老人家纳着鞋底，老人名叫卢汉葵。卢汉葵老人告诉我们，她不会写女书，只是会唱一些女书歌。接着，卢汉葵老人就即兴唱起一首女书歌，名为《打鬼子歌》。在村支书的帮助下，我们了解了歌曲大意。该村另一位黄玉美大姊告诉我们，她家有一本女书，是婆婆传下来的，本来是要在婆婆死后陪葬的，可她觉得是一本书就留下来了，之后又因为总有古董商来收购，她老公收起来了，她找不到，所以我们也无缘见到这本经历坎坷依旧保存下来的女书。

---

① 刘忠华. 闺中奇迹：中国女书 [M]. 哈尔滨：黑龙江人民出版社，2005.

青石小路，转了一弯又一弯，地里的农民割着水稻，一把又一把。看着炊烟袅袅的龙田村，我们不禁想到，曾经，这里的妇女们用女书对歌夜夜不断的情景。（2012 年走读江永女书小组）

4. 朱家湾

简介

朱家湾以姓氏得名。村委会驻朱家湾，辖甘积头、倒水洞、四脚门楼、崀里等 12 个村民组。总面积 6.74 平方公里，耕地面积 82.6 公顷，有居民 388 户，共 1669 人。

走访

朱家湾的戏台飞檐雄浑古朴，屋梁上的龙凤仙鹿栩栩如生，尤其一对凤凰飞扬的翅膀，两两相对宛如一朵出水芙蓉。据介绍老戏台在 20 世纪 80 年代维修过，主要用于表演当地流行的祁剧。在朱家湾村有两个门楼，门楼是一个家庭公共议事的场所，进口处是朱家门楼，里面是李家门楼。乾隆三十五年（1770）修理门楼时刻下了村规民约，民国十三年（1924）建碑："不许一人乱堆停放动用，各家嘱咐男□（因年代久远，此字已无法辨认）不许在此糊涂乱画"。我们今天仍然可以看到，门楼的两侧摆放着大件的农具，像风车、石磨一类。另拍摄到 20 世纪三四十年代日本人飞机炸毁后的楼房废墟。村子有青石板筑成的水渠，水渠边有用大青石凿出的洗衣池，可见当地村民生活的便利。

据《闺中奇迹——中国女书》记载的女书传人基本情况，从吴家嫁来此村的女书自然传人有吴珠色等。

5. 锦江

简介

锦江有苍翠的果林、碧绿的江河，因此而得名。村委会驻锦江，辖岩口等 9 个村民组。总面积 6.53 平方公里，耕地面积 86 公顷，有居民 348

户，共 1513 人。交通方便，省道 S325 线经过村境。

走访

"锦江"的牌楼就矗立在公路旁，沿着小路向村里走，能感受到这个古老村子浓厚的历史气息。首先映入眼帘的是"老蒋山脚坊"的牌楼，再走数十步，又出现了"中蒋门"的牌楼，再往里数十米，右拐又有"新蒋门"的牌楼。笔者正心生疑惑，村里的邓少宏小朋友找到六十多岁的蒋老爹，蒋老爹讲述了牌楼的故事。据说在古代这个村子先后来过三拨蒋氏族人居住，按照先后分别为老蒋、中蒋、新蒋。村子的后面有座山名为"龙山"，老蒋在山脚坊间立下家规，希望后代人遵循古时传统，认真做人做事。

锦江也是著名的江永女书村落之一，女书自然传人义青山就生活在这里，并且这里至今还有会女书的老人。在这里我们见到了一位会女书的何静雪老人，她今年 83 岁，会唱女书歌，有保存女书作品，在我们的恳请下何静雪老人吟唱了一首《贺女书园》。

在我们打算离开的时候，听村民说村里还有人会写女书。在热心村民的指引下我们见到了蒋经老爹，他今年 84 岁，会认、会读、会唱、会写女书。他知道我们的来意后非常开心，立刻将他姑母留下的七部女书作品拿出来，并一一做了介绍，还讲述了他的故事。据他讲，他的祖上是山东人，在清朝的时候随任迁居至此，后代人就定居在了锦江。他姑母是在婆家学习的女书，也是用于姐妹间相互诉苦。蒋老爹为我们吟诵了一些用女书书写的古诗词，还当场写女书给我们讲解，临走还将一部女书诗词赠送给我们。

据《闺中奇迹——中国女书》记载的女书传人的基本情况，锦江村出生的女书自然传人有邓珍珍等 5 人，嫁到此村的女书传人有义云女等 4 人。（2012 年走读江永女书小组）

6. 浩塘

简介

浩塘属于上江圩镇上江圩村，该村的主要农作物是水稻和生姜。

走访

2013 年 8 月，我们走进浩塘村，首先核实了 2012 年走读江永小组记录的两块石碑以及立碑的年代。该村是在 2008 年修建的水泥路，原为石板路，村庄出口有两块石碑也叫功德碑，一块刻于 2008 年，上面刻着当年修建村道的捐资人名，还有一块石碑是 100 多年前光绪年间立的，碑文已经模糊不清。

浩塘的祠堂至少有 100 多年的历史，过去这里是办红白喜事或者宴客的地方。经采访当地村民得知全村人都姓将。采访 60 多岁的蒋军苟，得知其母会唱女书，其母姓阳，现已过世。蒋军苟拿出一本有关女书的书，说该村有 100 多户空巢老人和 10 余户留守儿童，很久以前全村只喝一棵树下冒出来的泉水，现在该村有 50 多口井。（2012 年走读江永女书小组）

很幸运，我们再次来到这里，遇上一位会唱女书的老人，蒋善喜老人 80 岁，生育了三儿三女。她童年始唱女书，跟着姨妈学唱。她给我们唱了一首《行客歌》，她说这是大家娱乐的时候唱的。接着又唱了一首诉苦歌——《六月热天热炎炎》，大致内容是倾诉父亲去世，母亲改嫁，跟着哥哥嫂子过日子的痛苦。老人说她学习唱女书歌跟着歌本唱，也跟着人唱。说完她进屋拿出民国三十六年（1947）她姨妈做的女书《贺三朝》的书套。最后老人还唱了一首《寡妇歌》。告别时，老人依依不舍，将我们送到村口。

据《闺中奇迹——中国女书》记载的女书传人基本情况，有棠下村出生的女书自然传人义年患嫁到此村。

7. 桐口

简介

桐口村，背靠都庞岭，前临潇水，是上江圩镇的一个下属村落。此地多泡桐，又为通往道县之关口，因此而得名。村委会驻桐口，辖新宅等 5 个村民组。总面积 6.3 平方公里，耕地面积 55.8 公顷，居民 270 户，共 1115 人。

走访

桐口村以卢姓为主，卢姓主要是唐代从山东曲阜迁来的。江永县黄甲岭、回龙圩、允山、夏层铺等乡镇的卢姓均发迹于此。桐口村的鸣凤阁、鸣凤祠和桐口门楼均是省级历史文化遗产。鸣凤阁位于村口，村民们都称之为"八角楼"，据老一辈的人讲，鸣凤阁年代久远，因风水所需而建。鸣凤祠则是桐口村祖祖辈辈祭祀、供奉灵位的地方。曾经雄伟的桐口门楼在桐口礼堂旁边，门楼前还保留有四根拴马桩，这四根拴马桩是光绪年间进士卢秉教立的。

2012 年 8 月，我们在桐口村的门楼前遇见了刚刚赶集回来的卢老爹，卢老爹已是 82 岁高龄。在卢老爹的帮助下，我们了解到这个村里有两位会女书的，两人都外出打工了，其中一位叫卢进清，是义年华老人的外孙。

据《闺中奇迹——中国女书》记载的女书传人基本情况，桐口村出生的女书自然传人有卢月玉等 6 人，嫁到此村的女书传人有义年华等。

8. 吴家

简介

吴家村，是上江圩镇上江圩村的一个自然村。

走访

吴家村在从浩塘到甘积头村的路上，村落不大，有完整的门楼和巷子，巷子很干净。远看吴家村，灵巧俊秀，近看吴家村，古韵深厚。小河淙淙流过，妇女在江边用棒槌敲打着衣服。大樟树的浓荫下，农家人坐在一起闲聊琐事，小孩们的笑容如向日葵般灿烂。这座女书村落给人简单、安详的印象。

2012 年 8 月我们走进吴家村，看到了人头攒动的"吴家祠堂"，走近询问，原来在办白喜事（人死后办的丧事）。祠堂里摆满了一桌桌酒席，每桌上都是满满当当的九大碗。敲锣打鼓吹唢呐，祭祀亡灵。离开祠堂，我们在村里转了一圈，发现村后是一片茂密的树林，葱葱郁郁，林幽小道，勾勒出一幅淡雅清新的山水素描。我们一路打听，寻找女书的足迹，可是所有的路人都说这里已经没有女书了。

据《闺中奇迹——中国女书》记载的女书传人基本情况，吴家村出生的女书自然传人有吴玉珠等 4 人，嫁到此村的女书传人有义步苏等 2 人。

9. 甘积头

简介

甘积头村隶属朱家湾村，又名岗积头。

走访

2012 年 8 月，走读江永女书小组来到甘积头村，冒雨访问了"甘积头礼堂"旁的住户义老爹。老爹说，这个村庄以义姓为主，礼堂是最近才翻新的，上次修缮完工摆酒的时候，四里八乡所有义姓人家都来这边吃酒庆祝。看石碑上的记载，这是一个庞大的家族。

2013 年 7 月我们再次来到甘积头村，路遇蒋娇娥老人（外嫁到此村的），她给我们唱了《父亲死后我可怜》和《女子成长歌》。唱到"感谢父母养育之恩"时老人不停落泪，回忆起少女时期跟着姐妹们学习唱女书歌，又情不自禁地笑开了。我们随老人到家里小坐片刻，老人的儿媳妇拿出刚刚摘下来的梨，水汪汪的，甜甜的果汁很黏手。老人 80 多岁了，随儿子、媳妇住，我们来时，媳妇正在家门口绣十字绣。

甘积头礼堂的门前是刚刚割过早稻的稻田，村口的稻田有妇女正在插秧。据《闺中奇迹——中国女书》记载的女书传人基本情况，甘积头村出生的女书自然传人有义青山 1 人。

10. 社下

简介

社下村，为花山庙遗址所在地，位于江永县允山镇，距江永县城 3 公里，村内山巅有一庙，人称"花山庙"，亦称"姑婆庙"，系女书文化活动中心之一。

走访

社下村山路崎岖，依山傍水，2012 年 8 月我们顶着烈日来到这里，喝上了清凉的泉水。采访当地村民，得知这里的村民大多姓李，60 岁以上的老人听过女书，但大多不会读、写、唱，高龄老人中有会女书的但都相继去世，中青年和小孩对女书感到很迷茫，不知女书为何物。

花山庙是我们此次实地调查的重点，据胡强志介绍，花山庙始建于唐代，在现今修复的花山庙右侧的一片树林中还能看到残缺的碑石。顺着这些残存的碑石，我们遥想当年的花山庙比现在规模要大得多。清光绪年间《永明县志·文艺志》有对花山及花山庙会情景的描述："永明昔号山水窟，石玉川珠互辉烛。间气钟英代有闻，姗姗姊妹真仙骨。仙骨于今冷劫灰，居人顶礼如参佛。居人有女剧情深，唤姊呼姨旧约寻。巾扇年年逢五月，歌喉宛转出高林……"《永州府志》（清道光年间）载："花山庙，（永明）县西七里，相传唐时谭姓二女采花仙去，香火极盛。"蒋云宽（清嘉庆年间进士，曾任山西道兼河南道监察御史等职）在《近游杂缀》中写道："层岭之麓又有花山，山形如花，故名。唐时谭氏二女入山采药蜕化，土人山巅如祠。山多砻石，石隙透一小径，天然梯级，竹树翳蔽，云雾蓊蔚。每岁五月间土女多赛词矣。"社下村族人保存的《谭氏族谱》亦有"谭七、谭八仙姑存迹于花山庙"之记载。现在的花山庙是村人谭全苟邀约村民积渡或向广大信士募捐，于 2005 年在原来遗址上重建的。庙旁有二十余件古庙石刻构件，其中一块四方残碑上有乾隆十七年（1752）的重修碑铭。①

花山庙曾是江永女书文化活动的中心之一。1949 年以前，"每届端午后五日"便是花山庙的庙会，为期 3 天，届时赶庙会的妇女们将自己的心愿用女书写在纸上、扇上或巾帕上，供奉姑婆神，乞求赐福消灾。②

11. 甘益

简介

甘益原名岗凹，后谐音雅化为甘益。村委会驻甘益，辖杨家巡、雷洞等 10 个村民组。总面积 10.4 平方公里，耕地面积 96.4 公顷，有居民 413户，共 1831 人。盛产生姜、香芋等。

走访

甘益是我们的向导胡强志的岳父家所在地。一进村子，就有熟悉的村民与强志打招呼。

甘益，是一个美丽富饶的村子。2013 年 7 月，我们进入此村走访，入村口的左侧是戏台，右侧则是原来的村内学校，正中央是几棵参天古树，几乎要 4~5 个人才能围抱一棵古树的树身，古树下是一池荷花，荷叶翩翩，绿波荡漾，白荷花亭亭玉立。

我们爬上一户人家正在修建的楼房 4 层，俯瞰全村。眼前出现的是一个完整的明清古村落建筑群，有祠堂、门楼，有青石板小巷、青砖黑瓦民居，还有依稀可见的民居外墙的彩绘，只是因年久失修，剥落得厉害。据说祠堂内墙也有彩绘，可惜锁了门，我们进不去。这个村子民居上的门窗是木制的，上面的花草和飞禽走兽木雕造型特别生动。我们见到一些老年妇女，也见到几个孩子在补习英语。

据《闺中奇迹——中国女书》记载的女书传人基本情况，甘益村出生

---

① 佚名. 花山庙故事：人间最美花山庙［EB/OL］.（2018-05-04）. https：//www. sohu. com/a/230363405_ 488835.

② 佚名. 花山庙故事：人间最美花山庙［EB/OL］.（2018-05-04）. https：//www. sohu. com/a/230363405_ 488835.

的女书自然传人有义步苏等 6 人，但是今天已经难以寻觅女书的足迹。

12. 杨家巡

简介
杨家巡隶属甘益村。

走访
杨家巡是一个小村落，村口有较宽的河流，村内有水塘，村子的水井几乎都是地表的水流汇集而成。村落靠山，又有着很好的水源。临近中午时分，村子里见不到什么人。明清建筑风格的民居、青石板巷子保存完整。

13. 浮桥头

简介
浮桥头，下新屋村所辖的一个村民组。

走访
去兴福村路经浮桥头。据《闺中奇迹——中国女书》记载的女书传人基本情况，这里曾经是精通女书的女书传人义淑淑的婆家，是她吟唱传播女书并生活多年的地方。浮桥头的门楼十分别致，小巧玲珑，呈半圆的拱门形，遗憾的是见不到人影，只有野草丛生。

14. 兴福

简介
兴福物产丰富，人丁兴旺，因而得名。村委会驻兴福，辖兴福等 4 个村民组。总面积 1.39 平方公里，耕地面积 47.4 公顷，有居民 223 户，共889 人。

走访
兴福村风景秀美，锦江在这里形成很宽的江面。江边的新建筑格外醒目，有文化广场、锦江大桥和兴福礼堂。文化广场位于村口的大池塘边，沿池塘添加了白色护栏，远远看去，树影婆娑，波光粼粼，俨然像个公园。这个村庄的新旧建筑泾渭分明，老的门楼只剩下一堆残存的石头。

2012年8月我们一行人在村口遇见了欧新玉老奶奶。欧奶奶今年70岁了，可她依旧精神矍铄。她告诉我们，在这个村子里，会唱、会写女书的老人都已经去世了。她自己只知道一两句女书歌，是女儿家在出嫁前一天晚上唱的，而在她出嫁的时候已经没有这种风俗了。胡祖英老人也曾住在这个村子里，可是她也过世了。

据《闺中奇迹——中国女书》记载的女书传人基本情况，兴福村出生的女书自然传人有朱云娣等2人，嫁到此村的女书传人有义早早等2人。

15. 夏湾

简介

夏湾村有泉华岩，寓意华夏，又地处山湾，因而得名。村委会驻夏湾，辖棠尾等8个村民组。总面积3.2平方公里，耕地26.67公顷，有居民273户共1221人。

走访

夏湾是千年古村，位于江永县上江圩镇。这里风景秀丽、山清水秀。

夏湾是著名的女书村落之一，几位女书自然传人都出生在这里，如唐彩云、唐花女、蒋和崇、邓善苏、邓梅珠等，女书传人胡美月、周惠娟也生活在这里。传说这里是女书的起源地，女书就是这个美丽村子里的一群有智慧的女人创造出来的。然而，随着时代的变迁，村中女子大多已经不太会唱女书歌、写女书、做女红了。

2012年8月，我们穿过曲折的小巷子，来到了女书传人胡美月的家走访。

2013年7月，我们第二次到夏湾，这次时间充裕，先走访了胡美月，后走访了周惠娟。站在胡美月家的楼上，只见夏湾村的古建筑群飞檐翘角，黑墙黑瓦，层层叠叠之间营造出古朴庄重的韵味。夏湾的古村落保存完好。

胡美月的家是一栋很大的老房子，周惠娟的家是新房，居住环境都很不错。我们到访的时候，正值双抢大忙季节，胡美月匆匆从里间赶回来。

据《闺中奇迹——中国女书》记载的女书传人基本情况，夏湾村出生的女书自然传人有唐彩云等 5 人，另外有精通女书的男性 3 人，嫁到此村的女书传人有高宜宜等 6 人。

16. 葛覃

简介

葛覃，取自《诗经·周南》篇名。村委会驻葛覃，辖葛覃等 11 个村民组。总面积 2.1 平方公里，耕地面积 86.8 公顷，有居民 290 户，共1252 人。

走访

用"别致"来形容葛覃，最恰当不过。葛覃村口有池塘、晒谷坪，老门楼上悬挂着大红灯笼，贴着"囍"字，看上去不久前举办过婚庆喜宴。门楼在 20 世纪 70 年代前期做过维修，据胡强志介绍原来的门楼有七道门，现在只剩下一道，门楼前残存原来天井四角的四块石基，门口有戏台。门楼外有古树重阳木。从门楼往里走有祠堂，祠堂的周边摆放着一些石器。祠堂很大，有天井，天井中有石头凿成的长方形池，不知是不是当年用来蓄水的水缸。葛覃祠堂屋梁上的木雕有松柏、仙鹿、龙凤呈祥、喜鹊红梅等造型，很有特色。

葛覃村与兴福村相距几十米，两个村子的居民有不少是亲戚关系，2012年 8 月带领我们进葛覃村的向导，上初三的义林波家在兴福，外婆家在葛覃。沿着水泥路往里面走，走过那些新盖的房子，我们透过树丛远远地看到一处好风景，是村内的另一个祠堂。青瓦密布，屋檐秀丽，我们在古老与厚重之中穿梭，感受着沉淀的历史文化。这里的人似乎对宗祠十分看重，族内之人逝世之后便要把灵位放到祠堂归位，我们在两个宗祠中都看到了新旧的灵位排列放置。

再往村里走，我们进入了村子的礼堂。首先映入眼帘的是一个长约 5 米、宽 1 米、高 1 米的长方体石头，可能是一个石桌，大家聚会的时候可以在上面放东西。再往里面，路的两边有两个石鼓、两个石锁，门梁上有很漂亮的龙纹雕花木饰。进门之后，里面很宽敞，可以坐很多人。礼堂后面有一个青石拱门，后面还是几间宽敞的房子，我们在这间宽敞的礼堂之中看着历史洗刷后留下来的痕迹，试图闭上眼想象那些聚会议事的场景，那些曾经热闹非凡的场面。我们询问了女书的相关状况，一位姓义的爷爷说到以前有一个会女书的人，去世十几年了，礼堂前面那间房子里的 80 多岁的失明奶奶是她的儿媳妇，我们敲了敲门，没有人回应。

据《闺中奇迹——中国女书》记载的女书传人基本情况，葛覃村出生的女书自然传人有义早早等 3 人，还有在棠尾村出生的欧阳三三等 4 人嫁到此村。

17. 棠尾

简介

棠尾村是夏湾村的一个村民组。

走访

如果说葛覃的特点是"别致"，那么棠尾的特点就是"清秀"。村口的池塘有青山倒映，门楼上木雕的线条格外简洁和清晰。小巷子幽幽通向深处的农户人家。棠尾又叫棠尾、塘美，听当地村民说当地方言中"尾"就是"美"。2012 年 8 月走读江永女书小组来到棠尾村，看到这里与我们走访过的其他女书村一样保留着古老的建筑，小桥流水，主要的农作物是水稻和花生。进入村里我们遇到了 80 多岁的阳老爹，询问得知该村村民大多姓阳，阳老爹告诉我们他家没有女书。我们问阳老爹该村是否有祠堂，他便带我们来到"阳氏宗祠"。该宗祠的门上左边刻着龙头，右侧刻着鹦鹉。为宗祠拍完照后，我们辞别阳老爹，继续走访，遇到 20 多岁的阳姐姐，她说不懂女书，她知道老一代的人会女书但是都去世了，后人已把女书作品卖掉了。

据《闺中奇迹——中国女书》记载的女书传人基本情况，棠尾村出生的女书自然传人有欧阳三三，嫁到此村的女书传人有卢树宜。

18. 棠下

简介

棠下村位于棠梨遍布的山麓下，因此而得名。村委会驻棠下，辖棠下等 3 个村民组。总面积 2.69 平方公里，耕地面积 28.4 公顷，有居民 155 户，共 603 人。

走访

2012 年 8 月，我们经过九曲十八弯后，隐隐约约看见了掩映在山林里的村落——棠下。刚进村，我们就碰见了阳焕宜老人的侄子——义细细老爹。义老爹不仅给我们唱了女书歌，还给我们看了女书拓本（原本被清华大学的教授购走）。之后又参观了村落。

因为原路返回很远，义细细老人就带着我们走捷径。走在稻田的田埂上，蛙声一片，我们笑声一片，就这样跟着健硕的义老爹向前走。在分岔路口和这位好心又可爱可敬的义细细老人合影告别。

2013 年 7 月 26 日上午，我们再次来到棠下。通向这个村庄的简易公路两侧是水田，青山绿水间，一垄垄的芋头夹杂着一垄垄的水稻，赫赫有名的江永香芋和香米就产于此地。老牛在田边歇息，妇女和老人在田间劳动，远处有袅袅炊烟。

这里是精通女书的自然传人义年华的娘家，她从这里嫁到桐口。村子里水渠完好，现在水质仍然很好。环绕村子开凿的水渠引来山涧，水渠全部是青石板铺成，水渠傍着巷子走，流动的山泉水让村子的街巷显得格外干净，也给山里人家的居家生活带来极大的便利，据说这些水渠已经有好几百年的历史。门楼前有一个石柱，是清代这个村子的一个进士修建的。

据《闺中奇迹——中国女书》记载的女书传人基本情况，棠下村出生的女书自然传人有义年华等 6 人，嫁到此村的女书传人有卢书玉。

19. 呼家

简介

呼家村以姓氏得名。村委会驻呼家，辖东塘、下王、栎马、锦福、土墙屋、洪洞等 10 个村民组。总面积 6.1 平方公里，耕地面积 112.8 公顷，有居民 395 户，共 1559 人。

走访

据胡强志介绍，他小的时候，这个村子有几十个人会唱当地流行的傩戏。村里人自称是呼延庆①后代。呼家村的村口有一个很大的池塘，戏台搭在进村的大路旁边，一大半的戏台延伸至池塘水面。村民说这个戏台现在不演戏了，村民们在这里歇凉，八面来风都可以吹到，再加上水面能降温，真正是个避暑的好地方。呼家村有一大一小两个门楼，大门楼上还贴着"喜结良缘"的大红烫金横批。据说门楼里的老房子都成了危房，现在的村民都住在门楼外的一条简易公路旁边。守门的狗很凶，见我们到来，三条大狗龇牙咧嘴狂叫一通。有妇女迎出来，看年纪在五十岁左右，手里抱一个孩子，脚边跟着两个大一点的女孩子。她告诉我们，这是她的三个孙辈，三个儿子都成家了，在外面打工，这三个孙辈由她和老伴在家照料。两位老人一脸疲惫，却也流露出不加掩饰的幸福感，我们连连夸她好福气，她听了很开心。

据《闺中奇迹——中国女书》记载的女书传人基本情况，桐口的女书自然传人卢月玉嫁入此村。

---

① 呼延庆：在演义小说中为并州太原人（今山西省太原），宋朝时期的军事将领、外交官。在清代市民文学里，呼延庆为喜闻乐见的历史名将。

20. 杨家

简介

杨家村以姓氏得名。村委会驻杨家，辖高家、达滩等 6 个村民组。总面积 2.2 平方公里，耕地面积 14 公顷，有居民 250 户，共 990 人。

走访

杨家村是著名女书自然传人阳焕宜老人的出生地，在杨家村我们主要走访了阳焕宜的女儿何华英。何华英满怀深情地回忆童年时在母亲身边学唱的女书歌《女子成长歌》，这是我们在女书流传地考查时听到当地妇女多次唱到的一首女书歌。何华英在铜山岭农场出生，嫁的夫家又在母亲阳焕宜的娘家——杨家村。

何华英演唱时，眼睛里闪烁着泪光。她回忆起童年依偎在亲娘阳焕宜身边吟唱女书的情形，她怀念母亲为家庭、为孩子操劳奉献的一生。听着她的吟唱，笔者脑海中浮现出一幅幅鲜明生动的画面——农家有女初长成，我们的母亲、祖母们的人生历程亦是如此。

21. 高家

简介

高家村以姓氏得名，是杨家村所辖村民组。

走访

高家村不大，进村的路边四处可见建筑工地，农民都废弃了老房子，在现在的村级公路边盖新房。高家门楼小，门楼的外面，左右分别摆放着两辆手推车，门楼内侧一边放着石磨，一边放着风车，仍然沿袭古老的村规习俗：门楼是家族的大件农具存放处。同时门楼也是家族议事的公共场所，只是现在年轻人都外出打工，在门楼石阶和木凳子上闲坐的是村子里的老人。门楼边一户民居的宅门上，迎面可见"文化大革命"时期的标语"破私立公"。门楼内是左右延伸的窄窄的小巷子，宅门上的"莺歌燕舞"

"自力更生"等词语，清晰显示 20 世纪的"文革"文化特征，也记录和证明了这些民居最后的修理时间。现在这些老村落基本"空门""空巢""空巷"，房屋大多破败不堪。

高银仙是原生态江永女书最重要的传承者和记录者，高银仙出生的房子是个小两层的明清民居。住宅的门框还在，门板没了，里面的大木头柱子还支撑着屋梁，四壁残缺，没有住人，长满了一人多高的野草。

据《闺中奇迹——中国女书》记载的女书传人基本情况，高家村出生的女书自然传人有高银仙等 10 人。

22. 新宅

简介
新宅是桐口村下属的一个自然村。

走访
2012 年 8 月，我们从浦美村往西北方向行走了大概半个小时之后，便到了新宅村。我们在村口遇到了一位杨老爹，得知这里的居民主要姓杨。热心的杨老爹带我们参观了老房子，首先看的是这里的典型建筑物——门楼。不过新宅的门楼雕饰得更加精致美丽，门楼的左侧横梁上是木雕麒麟，做工精致，保存完整，门楼右侧横梁上的麒麟和左侧的相互照应，但造型却截然不同，正面的横木上有两个木雕八卦图，用来辟邪镇宅。再往里面走，那些老房子似乎也比其他地方建得更加精细，在正门的房檐下有几个石头雕刻的东西镶嵌在上面。虽说门楼高檐青瓦，气势雄伟，墙脚下却是杂草丛生，一派凋零。

2013 年 7 月 27 日上午 8 点，我们再次到访新宅村。杨氏门楼陈旧，从门楼往里走便是杨姓人家的住宅，巷子只有一人宽，一个人伸开双臂，可以触摸到两旁房子的墙壁。墙壁多由青砖砌成，人们进出门楼时，迎面看到的首先是叠砌考究、青砖与红砖交错砌成的墙面。门楼内的民宅和巷子都很整洁，有的宅门上有已经褪色的红五角星，有的宅门上有"继往开来"

横批。一户人家老门框上的横批"琴韵书声"四个大字被彩绘条纹圈起，两边是两幅风格相像但内容不同的壁画，字的上面是一幅精美的石雕。新宅还有一户青砖房，老门框上横批"异香满室"，这大概是民国期间留下来的。

途中遇到一位80岁的老人家，姓杨，儿子在镇上开店，她在镇上住不惯，一个人回来老家住。她家的房子是20世纪80年代盖的，有阳台，阳台长着一丛巨大的仙人掌，正绽放着鲜艳的花朵，鹅黄色花瓣和雪白花蕊，尚未开花的花苞是深红色的，乐得我们直奔阳台，围着仙人掌团团转。杨奶奶说这棵仙人掌种了20多年了，是她孙女种的，孙女现在江苏做医生。屋边的石榴花种了五年了，石榴花开，生机勃勃。

去往第二个门楼途经一片参天古树林，有一棵是槐，有一棵是枫，还有一大片香柚林。

第二个门楼是陈姓门楼，乾隆年间建立，两年前维修过。乾隆年间立下的石碑经洗刷清理，字迹清晰可见。门楼的对面有一堵山墙，上面有一个用草书写的大大的"福"字，将山野的风景隔断。门楼青墙红瓦，屋脊上有一对戏珠的长龙，两端有高翘的飞檐，金黄的琉璃瓦还嵌着碧绿色，造型生动。穿过门楼是陈氏祠堂的正门，木质雕花的门面，深红的油漆，看上去很新。门楣上还有红色烫金的横批，上面写着"百年好合"，大概是不久前的新婚喜宴留下的。

据《闺中奇迹——中国女书》记载的女书传人基本情况，女书自然传人陈玉荷是新宅村人。

23. 白巡

简介

潇江环流萦回，茫茫一片，故名白巡。村委会驻白巡，辖白巡等4个村民组。总面积1.1平方公里，耕地面积21.2公顷，有居民129户，共537人。

走访

在潇江两岸我们可以看到两个最具代表性的江永女书文化村——江永女书传人高银仙的故居浦美村和与之隔江相望的白巡村。

我们从两堵残墙的中间进村。路面由鹅卵石铺成，门楼的木柱和木墙是朱红色，黑瓦的屋顶。我们在这个村子拍摄了民国十二年（1923）立下的功德碑两块，分别刻着为修复门楼和祠堂捐资出力的人的姓名。一道有着半圆拱门的巷子的门坊刻着"秀水环门"四个字。

据《闺中奇迹——中国女书》记载的女书传人基本情况，白巡村出生的女书自然传人有欧珠珠等 2 人，嫁到此村的女书传人有卢三三等。

24. 荆田

简介

荆田是昔日从荆棘中开垦的田地，因此而得名。村委会驻荆田，辖弯头等 5 个村民组。总面积 1.68 平方公里，耕地面积 54.1 公顷，有居民 187 户，共 855 人。

走访

根据当地的传说，宋哲宗时，荆田村的才女胡玉秀被选入宫为妃。宋哲宗短命，只活了 23 年。皇帝死后，胡玉秀在宫里孤苦伶仃，满腹心事，却无处诉说，又不敢用汉字书写，于是就发明了女书，用女书把自己的辛酸生活和对亲人的思念写下来，再请人悄悄带回老家，并嘱咐家里人要"斜着看，用土话读"。

荆田村临水，风景优美。顺着水渠走到村口，一道半圆形小拱桥从水渠上跨过，桥头有一棵顶如华盖的大樟树，远处有"御书楼"的遗址。村里与胡玉秀造女字传说有关的古迹即"御书楼"。据说皇帝曾赐"育香楼"匾额一块，"土改"时被毁，御书楼则毁于"文化大革命"期间。

据《闺中奇迹——中国女书》记载的女书传人基本情况，高家村出生的女书自然传人高三患、高馨女嫁到此村。

25. 嵋里

简介

嵋里，是上江圩朱家湾村的一个村民组。

走访

嵋里村以蒋姓为主，嵋里古井坊看上去是一座别具特色的门楼，我们2013年7月来访的时候正值酷暑高温季节，不少老人都坐在门楼下歇凉。傍着由青砖和青石板砌成的水渠走，嵋里标志性的建筑是全村人共用的水井和井坊。井坊有一千多年历史，井水是从水渠流入的，四周有石栏围护。有青石板铺成的井台，方便盥洗。据说嵋里的井坊门楼是北宋年间建的，黑瓦屋顶，是木头柱子、木头屋梁、木头围栏的纯木结构。村民说大木头柱子上的勒痕是祖祖辈辈出葬的灵柩在此系绳留下的痕迹。门楼往往是一个家族的象征，我们数了一下，门楼一共有16根大木头柱子。老人们说他们的祖先是北方人，是行武将军出身，在北宋年间落草，搬迁来这里安家，并改姓为蒋。门楼坐着陈奶奶、蒋爷爷、胡奶奶。陈奶奶都八十七岁了，她会说官话，她比比画画地告诉我们女书是这样小小本的，是女人写的，她说早些年她也有，后来卖了，还说浦美有会女书的。我们笑着说浦美懂女书的就是胡强志的奶奶。胡奶奶立即凑了过来，用当地土话拉家常，看来与强志的父辈很熟，这位胡奶奶也有七十多岁了。村子除了这些老人，年轻人不多见。天下着雨，我们顺着青石板路走，小巷深处有凉亭，凉亭的墙面有石刻的碑文。年岁久远，字迹模糊不清。

据《闺中奇迹——中国女书》记载的女书传人基本情况，嵋里村出生的女书自然传人有蒋仙美等3人，嫁到此村的女书传人有义社奎等。

26. 田广洞

简介

田广洞村位于道县祥霖铺镇，田多地广，取名田广洞。村委会驻陈家，辖陈家、义家、郑家、下村、范家、兴隆洞等 14 个村民组。总面积 8.7 平方公里，耕地面积 143 公顷，有居民 467 户，共 1951 人。

田广洞村有一个神奇的鬼崽岭：距村 1.5 公里的山上和附近池塘里散落着大大小小被当地人称之为"鬼崽崽"的几千尊千姿百态的石雕像。田广洞村也因此而声名远扬。

走访

田广洞村坐落在大山脚下，依山傍水，葱葱郁郁。八十多座古老的房子依旧在风雨中屹立着，这些房子已有七八百年的历史。

田广洞村有青石板路；有下暴雨也不会涨水的排洪道；进村子有雕龙画凤的大门楼；有嫁女儿、讨亲必过的礼门；有金榜题名留下的拴马石；有在草丛中若隐若现的万岁庙碑（据说万岁庙是"天下第一庙"），建于唐朝的中和节碑；有鬼崽岭的千年石俑；还有人称"喊泉"的泉水——只要有人有声音，泉水就会冒泡泡……这是一座传奇而又神秘的村落。

笔者于 2019 年 12 月 13 日再次走访道县田广洞村。早些年就听说这里是江永女书自然传人何艳新的外婆家，她是童年时在这里跟着外婆、姨妈学会女书的。听何艳新介绍，女书自然传人高银仙也与此村有亲戚关系。很凑巧，我邀请高银仙的孙女胡美月做我们的向导，据说她的妹妹嫁到了这个村子。

一进村，看见一位老人坐在门前晒太阳，胡美月连说看见了自己家的姑妈。姑妈见我们来了格外高兴，自然成了我们的带路人。田广洞的村民保护村落的文化自觉值得称赞，他们盖新房都在老村落之外选址，因此保留了古村落原貌。

步行古村，我感觉田广洞是湖南乃至全国都不可多见的古村，保存完整，规模宏大。据说田广洞的老建筑有 56750 平方米，六个门楼分别住着六个姓氏家族，一字排开，由青石板或鹅卵石的小路连接着，每个门楼后面就是一个巨大的建筑群迷宫。门楼不算豪华气派，可里面却是雕梁画栋，曲径通幽，错落有致，外人如果没有村民带路，走进村舍，分不清东西南北，找不到来时路。穿越一条条巷道，似乎在穿越历史，建筑风格集北方古建筑、徽派建筑与江南民居建筑风格于一体，各具特色，各种造型，用料、装饰都显南北特色，也能明显看出贫富、主人品位和地方特色。六个门楼各具特色，分别用不同的材料修建高高的围墙，有江南的砖砌，也有北方的土筑，有的用白粉粉刷，有的用泥土敷制，有方形的，有拱形的，有半圆形的，有的有炮楼枪眼，有的有雕窗点缀。房屋建筑上有的用各种彩绘，有的用木雕装饰，大量加工规整的石材在建筑的勒脚、柱础、天井装修上使用，有的部位还刻有精美的纹饰。屋内一般以青砖铺满地面。门额上方均有表明家族来历的四字题额，进门设四扇雕花隔扇，天井厢房外多装饰有精美的4~6扇木雕隔扇，挑檐雕琢得精细舒展。所有这些建筑的木雕、石刻、彩绘，技法上乘，题材内容丰富，做工十分考究。让人感觉置身于建筑博物馆，体会不同地域的建筑特色与风格。从建筑用材和风格来看，古村包括从元末明初一直到民国时期的建筑。①

　　我们寻找的目标是何艳新的外婆家，打通了何艳新的电话，她说感冒了不便一同来，介绍我们找她的外婆家亲戚，可以带我们去看外婆家的老房。

　　何艳新外婆家的老房子还在，只是现在没有住人了，大门粉刷修缮过，临街有完整的院墙，墙体青砖红砖掺杂，颜色斑驳。台湾女书研究学者刘斐玟拍摄的纪录片《女书回生》中提到，女书传人何艳新就是在外婆家跟着家族中的女眷学习女书。我们向村民打听到，何艳新的外公姓陈，是村子里戏班子的掌门人。当年田广洞村戏班子活跃，经常唱戏演戏。何艳新说起童年在田广洞的生活，脸上溢满了幸福，她说她五岁就跟着外公在戏台上拉幕布了。可见外公当年的演艺人生涯对何艳新的影响不小。田广洞村民对村落悠久的乡土文化感到自豪，也很有古村落保护意识，但是年久失修、无人居住的老房子也比比皆是。值得高兴的是近年政府启动了古村

---

① 陈瑜. 得天独厚而依旧迷茫、岌岌可危的道州田广洞古村. [EB/OL]. (2019-01-10).
　　https://baijiahao.baidu.com/s?id=1622144337604521771&wfr=spider&for=pc.

落修缮保护项目，我们在村民的带领下，也参观了修缮完工的老房子。

据《闺中奇迹——中国女书》记载的女书传人基本情况，嫁到此村的女书自然传人有唐花女等 12 人。

27. 河渊

简介

河渊距道县田广洞村鬼患岭五公里左右，原隶属上江圩镇，后划归铜山岭管辖。

走访

2013 年 7 月 27 日，我们路经田广洞到达河渊村。

这里的老村庄门楼还在，青石板路和青砖的明清民居还在。我们是下午 6 点到达河渊村的，一走进门楼便感觉到阵阵凉意，一些老人正倚在门楼边乘凉。往门楼里面走，青石板纵横交错，十字街口有木质的凉亭供村民歇息。古道凉亭旁边有堆放一些大件农具。

据《闺中奇迹——中国女书》记载的女书传人基本情况，河渊村出生的女书自然传人有何夜竹等 4 人，嫁到此村的女书传人有阳焕宜、高鸡仙等 5 人。被江永县授牌的女书传人何艳新现居此村，女书自然传人唐宝珍唯一的女儿嫁到此村。

在 20 世纪 80 年代河渊村有很多妇女会唱女歌，曾几何时还有十几个人会唱，不过一般都是过了 60 岁的人，例如何艳新、吴龙玉等。吴龙玉娘家在上江圩镇吴家村，她的祖母会写女书，母亲会唱女歌，她没学女书，但也会唱女歌。2004 年 9 月 20 日，女书最后一位自然传人阳焕宜去世，河渊村懂女书的妇女们正渐渐变少。

28. 龙会

简介

龙会，又名白马村。村委会驻黄泥铺，辖龙会等 4 个村民组。总面积

2.3 平方公里，耕地面积 43 公顷，有居民 132 户，共 623 人。

走访

据胡强志介绍，女书传人义年华的女儿嫁到龙会。在 2013 年 7 月 28 日上午 8 点，我们一行到达龙会村。据说此地村民是从桐口村搬过来的，建村有三四百年历史，卢姓为大姓。义年华曾改嫁到此。进村遇到一位何先生，他说见过女书，家中也有，我们便随他去了他的家。他的母亲今年七十多了，我们到达时，老人家正蹲在地上洗碗。她说她家曾有女书，是她妈妈的，是从凤田村出嫁时带来的，但是后来卖掉了。

我们继续前行，走到一户王姓人家，门牌号是黄甲岭乡白马村 236 号，主人告诉我们房子建于 1933 年。青石板铺成的台阶和天井排水沟，砖墙青红杂色，外墙足足有三块砖厚。木雕的窗棂上有"盏"和"囍"字样，房门带有雕花的门套。现在这个村的村主任是义年华的外孙，村主任说他小的时候听过外婆义年华唱女书。村主任的家已经很"现代"了，我们到他家小坐了一会儿，村主任便带着我们去看村子的古建筑。村子的古建筑多是清末建的，目前保存完好。村落干净，空空的巷子，显得有点冷清，跟我们打招呼的只有留守老人。

在龙会村的村口，有一棵黄连树，已有 100 多年的历史。黄连结籽，古木参天，主干的根部被蛀空了。因为根部有健全的分支，所以主干虽坏死，树冠仍然郁郁葱葱。

据《闺中奇迹——中国女书》记载的女书传人基本情况，嫁到此村的女书传人有义三三。

29. 凤田

简介

凤田地处凤凰山麓，田园肥沃，因此而得名。村委会驻莫家湾，辖莫家湾、石桥头、何家宅等 8 个村民组。总面积 7.9 平方公里，耕地面积 75.4 公顷，有居民 306 户，共 1423 人。

走访

2013 年 7 月 28 日上午 9 点，我们来到凤田村。这个村庄门楼尚在，戏台只留下地基石倒在地面，上面刻有"戴宅"两个字。我们问一个背着东西路过的老人家，知不知道这里原来有戏台，他摇摇头说不知道。门楼的屋梁上刻有"盏"字样和祥龙祥云图样。新婚的红对联颜色鲜艳。

凤田村除了门楼的门可以关上，巷子还有巷门也可以关上，以保护里面的各家各户平安。门楼以姓氏为单位，一姓一门楼，巷子是门楼里更细致的分支，也是家族内部更细致的分支。巷门如同门楼，只是小型简单一些，但是也有两三级石头的台阶，有木质的门框门板。这种以男性氏族为核心的居住格局，在这里有着清晰而直观的呈现。

迈上台阶，推开厚厚的木门，"吱呀"一声，伴随着一缕从黑色瓦楞间射下的阳光而来的是一种穿越时空的感觉。我们走进一户人家，进第一道门，走过天井，见客厅的木雕窗格上有花草、鼓乐图案；进第二道门，我们看到的木雕是麒麟、仙草一类吉祥物，二进后抬头见阁楼，有木质的栏杆，正如女书所言：楼上女的阁楼。房子的主人正坐在外面歇凉，见我们喜欢她的房子，乐得咧着嘴直笑。我们挨着老人在巷子的青石板台阶上坐下，正好对着她家的大门。

房子的主人叫阳早珠，现年 90 岁，是从黄甲岭嫁过来的，她年轻的时候唱女书，她说她们那一代人几乎都会唱女书。她先唱了一首思念姐妹的歌，主要内容是两个要好姐妹，有一个要出嫁了，要分离，于是思念姐妹。接着唱了一首《十二月歌》，主要唱每个月做什么事、新的情景，讲四季变化。还唱了一首《思夫歌》，讲述了从丈夫 3 月去世，到 12 月底，将近一年来对丈夫的思念。

阳早珠的老姐妹见我们这里热闹，也凑过来，这位娭毑上衣的后背上方插着一把蒲扇，让我们怎么看都觉得她的背伸不直，是驼着背的。她很得意地告诉我说，这样凉快。酷暑高温季节里，这样背上出汗沾到蒲扇上，不会汗湿衣服。隔着蒲扇，通风，吸汗，自然凉。

30. 千家峒

简介

千家峒瑶族乡位于江永县西北部，距县城 9.5 公里。东连上江圩镇，南与潇浦镇接壤，西与夏层铺镇毗邻，北与广西壮族自治区灌阳县交界。乡政府驻古龙街，辖凤岩山、凤下塘、大远、白花岗、枫木坪、山峰、刘家庄、大宅腹、大溪源、大里源 10 个村。

千家峒，是瑶族发祥地，瑶胞世代向往的桃花源。这里有着独特的民族历史和地理环境，地势平坦、土地肥沃、四面环山，景色迷人。峒内山幽、林深、洞奇、瀑美、泉温，让人流连忘返。千家峒总面积 68.4 平方公里，耕地面积 568 公顷，有居民 2020 户，共 8551 人。

走访

在千家峒，我们遇到瑶族歌手赵开新，她一边唱一边表演《挖山歌》《茶源歌》。

千家峒是不是女书流传地？据《传奇》杂志刊载："2005 年 5 月，宫哲兵又到江永一带调查，在千家峒，他偶然遇到了 75 岁的老人义汉淑。

她戴着一个头帕，上面绣着一些奇怪符号，宫哲兵上前仔细查看，发现是 6 个蚊角字：千家峒大泊水。宫哲兵问她，会女书吗？她说跟奶奶学了一点女书，也会唱，但不能够完全写出来。"

江永本土的女书研究专家周硕沂、唐功暐均认为千家峒是瑶族的发源地，不是女书流传地，因为有以上宫哲兵教授的田野考察记录，千家峒被列为女书流传地。

31. 黄甲岭阳家

简介

阳家村因姓氏得名。村委会驻阳家，辖溪头、库里等 6 个村民组。总面积 1.64 平方公里，耕地面积 49.4 公顷，有居民 200 户，共 757 人。

走访

阳家村位于江永县西北部，距县城 3 公里。村子依山傍水，风景秀丽。

女书现代传人何静华就出生在这里。为了了解阳家村的女书现存情况，我们找到了正在吃早饭的村民老何，老何告诉我们他就是何静华的侄子，说到这里能感受到老何有几分自豪感。除了访谈老何之外我们又先后访问了八位村民，想知道他们对女书的了解状况。据他们讲，前几年还有一些高龄的老人会唱部分女书歌，但是现都已过世。60 岁以上的老人多多少少对女书有点了解，60 岁以下的对女书表现出明显的陌生感，年轻人和小孩基本不知道女书。

32. 弯头

简介

弯头是隶属荆田的一个村民组。

走访

弯头地处白巡与荆田之间，也曾经是一个女书流传村落。据《闺中奇迹——中国女书》记载的女书传人基本情况，老一辈女书传人卢经义、蒋仙美就生活在这里。

33. 麦山洞

简介

麦山洞位于湖南省永州市道县祥霖铺镇，村边的山地春季多种麦，取名麦山洞。村委会驻麦山洞，辖 5 个村民组。总面积 2.8 平方公里，耕地面积 43.3 公顷，有居民 93 户，共 445 人。

走访

据《闺中奇迹——中国女书》记载的女书传人基本情况，江永甘益村女书自然传人义氏嫁到此村。

34. 潇浦镇

简介

潇浦镇又名城关镇，位于江永县中部，为县政府驻地。东与上江圩镇、黄甲岭乡毗邻，南抵回龙圩镇，西界夏层铺镇，北与千家峒瑶族乡交织。辖 4 个社区居委会，塘背、白塔脚、红岩、红山、五爱、塔山、白水、江河、玉岭、新书房、江丰、何家、潇江、陈家街、三元宫、唐家 16 个村。

潇浦镇 1949 年前属永明县潇浦区管辖，新中国成立后，永明县改为江永县，潇浦区更名为城关镇。1983 年与潇江公社合并，1995 年撤乡并镇，城关镇复原为潇浦镇。

全镇总面积 80.82 平方公里，耕地面积 1110 公顷，水塘面积 40 公顷，森林面积 126.6 公顷，总人口 3.567 万人。

走访

潇浦镇是江永的县城，我们清晨看到农贸集市沿潇水像蚂蚁族群一般密集。新鲜的生姜、青菜、瓜类、豆类、芋头、生鲜肉类、熟食小吃，琳琅满目；还有从广西运过来的龙眼、黄皮果，新鲜的本地棠梨，咬一口既水汪汪又甜美。农贸市场是一个地域的田野的橱窗，在匆匆浏览中可以看出民生与民情，江永保留着良好的农耕习俗，源源不断地生产着农产品，使得农贸市场车水马龙一派兴旺景象。女书传人何静华和她的女儿、女书传人蒲丽娟现居住在江永县城。

（二）田野调查结果

田野调查的结果表明，江永女书自然传承者是江永县潇水流域的民间结拜姐妹，据江永县确认有高银仙、义年华、唐宝珍等 7 位老人。直到 20 世纪的 80 年代，她们仍然以女书书写方式来联络感情，交流信息。随着老人们去世，使用江永女书来结拜姐妹的习俗及当地民间的草根妇女组织的形式不复存在。基于对江永女书流传地现存的村落和女书传人的故居遗址的走访，我们对江永县潇水流域女书流传地的明清古建筑现状调查列表如下。

表 1 江永女书流传地现存明清古建筑统计表

序号	村名	门楼	祠堂	戏台	民居	古巷	古渠（井）	石碑
1	浦美		✓		✓	✓		✓
2	龙田		✓		✓	✓	✓	
3	朱家湾	✓	✓	✓	✓	✓	✓	✓
4	锦江	✓	✓		✓	✓	✓	
5	浩塘	✓	✓		✓	✓	✓	✓
6	桐口	✓	✓	鸣凤阁	✓	✓	✓	✓
7	吴家	✓			✓	✓	✓	
8	甘积头	✓	✓		✓	✓		✓
9	社下花山庙	✓	庙堂					✓
10	甘益	✓	✓	✓	✓	✓	✓	✓
11	杨家巡				✓	✓		
12	浮桥头	✓			✓	✓	✓	
13	兴福		礼堂		✓	✓		
14	夏湾	✓	✓		✓	✓		✓
15	葛覃	✓	✓	✓	✓	✓		✓
16	棠尾	✓	✓	✓	✓	✓	✓	✓
17	棠下	✓	✓		✓	✓		✓
18	呼家	✓	✓	✓	✓	✓		✓
19	杨家	✓	✓		✓	✓	✓	
20	高家				✓	✓	✓	
21	新宅				✓	✓	✓	
22	白巡	✓	✓		✓	✓	✓	✓
23	荆田	✓	✓	御书楼	✓	✓	✓	✓
23	嶍里	✓			✓	✓		✓

续表

序号	村名	门楼	祠堂	戏台	民居	古巷	古渠（井）	石碑
24	田广洞	✓	✓		✓	✓	✓	✓
25	河渊	✓	✓		✓		✓	✓
26	龙会	✓	✓		✓	✓		✓
27	凤田	✓	✓		✓	✓	✓	✓
28	弯头	✓			✓	✓	✓	✓

制表时间：2013 年 8 月 5 日。

我们在两年间走访了江永县潇水流域 34 个村镇，依然能够看到古建筑的有 28 个，其中既有维护较好的村落，也不乏废弃的村落，或者只有留守老人与儿童的空心村落。除了江永县委授牌的"女书传人"之外，以纸质文本为媒介的女书原件和女书习俗已经荡然无存。木质的民居已有一些破败，上面布满了灰尘和蜘蛛网，只有以石头为材料的建筑物，如表中统计的门楼、祠堂、戏台、民居、古巷、古渠（井）、石碑等，依然坚固。

1. 明清故居与女书传人

我们在走访中所见的江永县潇水流域，明清民居仍然相当多。这一类民居的每一扇门窗都精雕细琢，那些木刻和石雕似乎在告示后人，当年家内领域包含了更多本该由社会来承担的文化传承功能。无论对社会，还是对个人，当家庭领域被赋予文化传承的含义，女性的"主内"传统位置同样被赋予了文化传承的新的含义。实地走访之后，我们将江永女书流传地的女书传人与环境的关系归纳如下：

在明末清初甚至更为久远的朝代，家乡是"避世"的中国男性回归和隐居的栖息地。汉族男性不与清朝合作，纷纷回归家庭生活，使得家庭先前承担的公共职能更加强化，而乡村的宗族组织依靠这些功能，使得家庭的文化传承功能变得日益重要。男性回到家乡寻求情感的慰藉，文人所谓的红袖添香、才子佳人的追求，大大提升了乡间女性接受文化和文学教育的程度。

2. 闺阁与楼上女

江永特殊的地理位置使得它成为一种活的历史博物馆般的存在。这里因为崇山峻岭的阻隔和很少战乱，大有"世外桃源"之景象。千年古村落、千年族谱，给我们研究中国传统文化提供了鲜活的材料。让我们看到男性回归家庭、家庭关系强化的同时，社会性别、民族，甚至阶级的界限也逐渐模糊，这也是江永女书得以发展的一个社会因素。史料对江永女书的文字记载，正是始于清末。明清江南才女文化强调了女性教育的"向心"和男女隔离，这便造就了女书的产生土壤，例如女书的传诵便于女子学习纺纱织布技能，便于女子学会言语的不冒犯，使得女子学习传统文化中的女子楷模，便于女子在居家结伴吟唱之中学文习字，接受教育的同时学习纺织技能，等等。江永女书的《女儿经》，就是由汉字版本翻译的。

学习女书，既能让女孩子学习生产技能——女红，也能让女孩子学习社交的途径——结拜姊妹；而且女书还是祭祀女神（生育和祛病之神）的宗教活动必备的书写和说唱媒介，更与女子出嫁必须举办的仪式（坐歌堂）有关。女书便是如此浸润在女性一生的重大事件之中，因此在女子的童年时代，学习女书是当地的农家习俗，由此形成一种独特的地域文化。

3. 祠堂与歌堂

江永女书流传的村落有一个共同的特点，村里人家没有自家的院落，窄窄的小巷，众多的青砖楼房鳞次栉比，只有一个祠堂和祠堂前的一个场院作为全村男女老少的"客厅"（公共场所），村里人家嫁女、娶亲、婴儿百日、老人去世等都在这个全村人的公共场所办红白喜事。

一卷卷族谱在我们眼前展开，一个村子就是一个氏族，居民公共空间的构筑，是社会形态的呈现，这里的住宅特质体现了典型的"家国同构"（家庭空间与社会空间在同一结构）格局。由于群山阻隔，历史上较少战乱，一个村子动辄就有 500 年甚至上千年的历史。这种一个村落就是一个家族的聚居生活方式，也体现了典型的父权制从夫居的男权社会结构。按照钱穆先生说法，"中国社会，应可分四个部分，一城市，二乡镇，三山林，四江湖"①。很明显，江永女书属于地域性的中国民间社会的乡村文化。而女子出嫁摆歌堂和赠送女书"贺三朝"叙述妇女姊妹情义，这些习俗又与江永这个"山高皇帝远"地域独特的地理环境和瑶族母权文化背景相关。在村子的祠堂前操办"歌堂"，这里的祠堂既是父系的象征，也是女书传承的场所，生动展示了瑶族文化和汉族文化的纠缠情态。

据江永当地女书研究者何祥禄的调查手记，江永有门楼、祠堂等保存完好的古村落 40 个。我们在查阅了 21 份族谱后发现，这些族谱的记载长达 500 年以上，世居 20 代以上。

在何祥禄的调查手记中，记载着对已故女书传人后裔的调查说明，在女书流行地区，传统时期的女性无论贫富，无论社会地位高低，都有机会进歌堂，四月初八"斗牛"（少女少妇聚会的节日），交友的同时学习女书；而男性一般是家境富裕，有一定经济实力才有机会进私塾读书。所以在江永女书流传地，会女书的女人比识汉字的男人多。据何祥禄的田野调查，每一条小巷都有许多会"读纸读扇"（唱读女书）的妇女，而每个村庄不一定有识汉字的男人。因此当地有个说法，"女人比男人有文化"。

20 世纪上半叶，英国作家弗吉尼亚·伍尔夫在女性主义经典著作《一间自己的屋子》里写道，女性要有自己的一间屋子，要有独立的财产基础，这样她就可以摆脱男性的桎梏，享受独自思考写作的自由。江永的农村妇女有着得天独厚的地理环境和人文环境，因而享有一定的写作空间和写作自由。这里山多水多田地少，人均只有几分田地，男人们常常一年半载都在山野和水上生活。

---

① 钱穆. 现代中国学术论衡［M］. 北京：生活·读书·新知三联书店，2001：231.

4. 花山庙与妇女祭祀

花山庙，是江永妇女用女书祭祀女神（生育和祛病之神）的重要活动中心。据史料记载，清朝嘉庆年间以来，花山庙香火特别旺盛，周围女性都来这里赛词。其景在道光年间的《永州府志》及光绪年间的《永明县志》中均有记载。民国二十年（1931）《湖南各县调查笔记》叙述花山庙的赛词活动时说："每岁五月，各乡妇女焚香膜拜，持歌扇同声歌唱，以追悼之。其歌扇所书蝇头细字，似蒙古文，全县男子能识此种文字者，余未之见。"

据江永本地女书研究学者杨仁里先生的研究："在《道光志》和《光绪志》的艺文志上可以找到江永女书的历史记录。如清人蒋云宽的《竹枝词》写道，'仙坛深锁碧云间/白石为扇竹作关/罄水人家小儿女/年年五月上花山。'清人周铣诒有《花山行》诗，大体记录了唐时谭氏姊妹入山采药坐化成佛，后人建花山庙的故事。诗云，'永明昔号山水窟/石玉川珠互辉烛/间气钟英代有闻/姗姗姊妹真仙骨/仙骨于今冷劫灰/居人顶礼如参佛/居人有女剧情深/唤娣呼姨旧约寻/巾扇年年逢五月/歌喉宛转出高林……''五月''上花山''歌喉宛转'就是指当地妇女用女书祭花山庙。'巾扇'是指写有女书的巾和扇。这无疑是诗人用文学的手法从民俗的角度在县志上反映了女书。"①

目前专家们收集到的女书作品大部分是清末民初的，由此有专家推论那个时期是女书文字的鼎盛期。据女书村（浦美村）的义友居说，高银仙就是民国初年学习的女书文字，后一直以传教女书为生，直至1990年去世，是较有名的女书传人。她在世时曾有这样的回忆：当时上江圩的每个村庄，都有一批精通女书的高手。每年五月花山庙庙会的前夕，许多妇女就请这些女书高手代写女书纸扇巾帕。

将妇女嵌入历史，弥补中国历史记录中的妇女缺席，江永女书是难得

① 杨仁里. 江永女书发生期之我见：兼与宫哲兵《女书研究二十年》"几个学术结论"商榷 [J]. 零陵学院学报，2004（1）：201-203.

的珍贵文本。对江永女书的研究，离不开它的农耕人文背景，女书的写作者与传诵者都是当地的农家女。解读江永女书，了解女书在男耕女织经济中的重要地位，是一个不可忽视的方面。

如何解读传统农耕文明下的中国妇女经验与妇女史？究竟以一种怎样的分析框架能够使我们更加接近对农耕文明背景下的中国妇女经验的表述？

我认为：其一，应当分析当地的人文地理环境和社会结构，在江永这样"山高皇帝远"的中国南方山区，不仅有着中国农村父权制社会家国同构、男外女内、公私不分的共性特征，还由于这里远离皇权，传统中国儒教为主的意识形态发育较弱，家庭担负众多社会功能，给妇女参与公共事务管理留下弹性空间；其二，传统性别制度的影响相对较弱，历史上的江永是一个汉族与瑶族的杂居地，既受男尊女卑的封建礼教影响，也有瑶族的母系遗风；其三，从江永女书文本分析，其中既有妇女诉苦的内容，也有劳动妇女的欢乐，既有封建伦理、贤妻良母、长幼名分、勤俭持家、邻里互助的道德说教，也充满着女强男弱的民间文学色彩、大团圆的结局和团结互助的精神；其四，女孩子从小学习女书，是当地男耕女织经济生活的重要内容。

女书源于乡土，受益于乡土，同时造福于乡土。我们从男耕女织的生产方式和生活方式、女书产生的环境来了解和研究，可以更清晰地了解到文化创造与经济基础、女书与妇女发展的密切关系。

正是在这种社会大气候下，在一种自给自足男耕女织的经济结构和家国同构的社会结构中，加上"山高皇帝远"的地域特征，人们出于生产和生活的需求，男性鼓励女子学女书，女子也以会女书为荣。由于这里特殊的地理环境和居住环境，在这种父系制、从夫居的文化中也接纳、包容、提倡这么一种属于妇女专有"结拜姐妹"的组织形式和女书文化。江永女书也正是借助民间草根妇女组织才得以广泛运用和传承。

正是在天人合一的理想框架之下，江永的女人们有了言说的可能，通过江永女书的书写、传承，形成了高扬姐妹情义的姐妹团队，以妇女们相聚创造了女书在乡土生活中的经济价值和实用价值，争得了合理与公开的生存发展空间，从而暗中颠覆了乡土宗法社会规定的所谓"男主女从"的社会等级关系。

（李湘娟、杨侃莹、骆静、毛云虹、邹波红编辑）

二、乡亲·女书人物

在江永女书流传地域也流传着关于江永女书起源的种种传说，有一种说法是当地有个叫胡玉秀的美女被召进宫，因为寂寞，为了与家人通信，造出江永女书文字来。有些研究学者不赞成这种说法，便举出实例来。例如在谢志民先生《江永"女书"之谜》的序言部分，他指出：江永女书虽然在江永一带被广泛使用，但是关于胡玉秀造字的传说是不真实的。据《永明县志》（王志）引《永州府志》记载："御书楼，在县东四十里荆田胡家。""宋胡先和，元符间进士，官文华殿学士，姊玉秀，才学冠世。恩赐御书楼，给大夫禄。"至今御书楼仍矗立在悠悠潇水边的荆田村，成为江永女书的标志性建筑。当地的女子因为才学出众，被皇上恩赐和男性大夫同样的俸禄、同样的地位以及一座藏书楼。这种传说本身就能说明当地妇女把追求才学作为一种时尚。我在这里不去追究江永女书到底是如何起源的，只是借这个传说来说明此地有才学的女子是有着一定的社会地位的。

（一）人物小传

20 世纪 80 年代以来，江永县政府组织本土女书研究者通过对女书流传地女书知情者的调查走访，以调查表的形式比较全面地反映了近百年来的女书传人的基本情况。

表 2　上江圩镇近百年来女书传人详情调查登记表①

娘家	姓名	文化程度	女书水平	夫家	生卒情况
高家村	高宜宜	文盲	精通	夏湾村	1881—20 世纪 50 年代，享年 70 余岁

① 刘忠华. 闺中奇迹——中国女书 [M]. 哈尔滨：黑龙江人民出版社，2005：32.

续表

娘家	姓名	文化程度	女书水平	夫家	生卒情况
高家村	高三患	文盲	精通	荆田村	1889—1951，享年62岁
	高银仙	文盲	精通	小浦美村	1902—1990，享年88岁
	高鸡仙	文盲	精通	河渊村	1908—1940，享年32岁
	高金月	文盲	精通	葛覃村	1908—1985，享年77岁
	高馨女	文盲	精通	荆田村	1911—1987，享年76岁
	高无才	文盲	精通	道县田广洞村	1914—1986，享年72岁
	高树批	文盲	精通	道县田广洞村	1919—1985，享年66岁
	高三山	文盲	精通	夏湾村	20世纪20年代—80年代，60余岁
	高水苏	文盲	精通	道县雷福洞村	20世纪20年代—80年代，60余岁
甘益村	义××	文盲	精通	兴福村	1889—1950，享年61岁
	义步苏	文盲	精通	吴家村	1884—1951，享年67岁
	义××	文盲	精通	道县麦山洞村	1891—20世纪70年代，享年80余岁
	义云女	文盲	精通	锦江蒋姓	1893—1979，享年86岁
	义三三	文盲	精通	黄甲岭乡龙会	1896—1977，享年81岁
	义盐英	文盲	精通	兴福村	1905—1947，享年42岁
夏湾村	唐彩云	文盲	精通	倒水洞村	1897—1972，享年75岁
	唐花女	文盲	精通	道县田广洞村	1901—1949，享年48岁
	唐珠珠	文盲	精通	锦江村	1911—20世纪80年代，享年70余岁
	唐宝珍	文盲	能认、善唱	小浦美村	1910—1999，享年89岁
	唐玉兰	文盲	能认、会读	锦江村	1908—20世纪80年代，享年70余岁

续表

娘家	姓名	文化程度	女书水平	夫家	生卒情况
锦江村	邓珍珍	文盲	精通	吴家村	1887—1955，享年 68 岁
	蒋和息	文盲	能认、会读	本村邓姓	1899—1960，享年 61 岁
	邓梅居	文盲	精通	道县田广洞村	1890—1975，享年 85 岁
	邓善苏	文盲	能认、会读	葛覃村	1917—1986，享年 69 岁
	邓梅珠	文盲	能认、会读	道县田广洞村	1918—1980，享年 62 岁
桐口村	卢月玉	文盲	精通	呼家村	1905—1980，享年 75 岁
	卢美玉	文盲	能认、会读	道县雷福洞村	1904—1990，享年 86 岁
	卢三三	文盲	能认、会读	白巡村	1906—1990，享年 84 岁
	卢书玉	文盲	能认、会读	棠下村	20 世纪 30 年代—80 年代，享年 50 余岁
	卢树宜	文盲	能认、会读	棠尾村	1907—1974，享年 67 岁
	卢经义	文盲	能认、会读	弯头村	1907—1963，享年 56 岁
棠下村	义年华	小学	精通	桐口村	1907—1991，享年 84 岁
	义社奎	文盲	精通	嶂里村	1907—20 世纪 80 年代，享年 70 余岁
	义娟女	文盲	能认、会读	道县田广洞村	1919—1990 年前后，享年 80 余岁
	义花花	文盲	能认、会读	河渊村	1925—1990 年前后，享年 60 余岁
	义年患	文盲	能认、会读	浩塘村	1909—1989，享年 80 岁
	义敢女	文盲	精通	道县田广洞村	1918—1985，享年 67 岁
吴家村	吴玉珠	文盲	精通	倒水洞村	1887—1987，享年 100 岁
	吴珠色	文盲	精通	朱家湾村	1906—1971，享年 65 岁
	吴云池	文盲	能认、会读	道县田广洞村	1912—20 世纪 90 年代，享年 80 余岁
	吴玉珠	文盲	精通	道县田广洞村	1908—20 世纪 80 年代，享年 70 余岁

续表

娘家	姓名	文化程度	女书水平	夫家	生卒情况
棠尾村	欧阳三三	文盲	能认、会读	葛覃村	1909—1987，享年 78 岁
浦美村	胡绿德	文盲	精通	新宅村	1891—1944，享年 53 岁
	胡慈珠	识少量字	精通	葛覃村	1907—1977，享年 70 岁
	胡土土	文盲	精通	夏湾村	1882—1948，享年 66 岁
	胡扇扇	文盲	精通	夏湾村	20 世纪 80 年代卒，享年 90 岁
嶂里村	蒋仙美	文盲	能认、会读	弯头村	1896—1973，享年 77 岁
	汪举一	文盲	精通	本村	1922—20 世纪 80 年代，享年 60 余岁
	蒋元玉	文盲	能认、会读	河渊村	1937—20 世纪 80 年代，享年 50 余岁
葛覃村	义淑淑	文盲	精通	浮桥头	1904—1956，享年 52 岁
	义晴宣	文盲	精通	嶂里村	1907—1987，享年 80 岁
	义早早	文盲	精通	兴福村	20 世纪 80 年代卒，享年 60 余岁
河渊村	何夜竹	文盲	精通	大路下村	1889—1946，享年 57 岁
	何转转	文盲	精通	夏湾村	1901—20 世纪 60 年代，享年 60 余岁
	何汉珠	文盲	能认、会读	道县田广洞村	1919—1990 年前后，享年 70 余岁
	何块生	文盲	能认、会读	道县田广洞村	1900—1984，享年 84 岁
白巡村	欧庙玉	文盲	精通	小浦美村	1890—1984，享年 94 岁
	欧珠珠	文盲	能认、会读	道县田广洞村	1908—1990 年前后，享年 80 余岁

续表

娘家	姓名	文化程度	女书水平	夫家	生卒情况
兴福村	朱云娣	高中	一般	河渊村	1939—21 世纪初, 享年 60 余岁
	朱形芝	文盲	精通	葛覃村	20 世纪 80 年代卒, 享年 60 余岁
杨家村	阳焕宜	文盲	精通	河渊村	1909—2004, 享年 95 岁
新宅村	陈玉荷	文盲	精通	夏湾村	1899—1980, 享年 81 岁
甘积头村	义青山	文盲	精通	锦江邓姓	1909—1976, 享年 67 岁

注: 此表据唐功昹 1982 年及其以后的调查, 本地更早时期的女书自然传人已无法得知。

表3 男性精通女书者调查登记表

住址	姓名	文化程度	女书水平	生卒情况
夏湾	唐会苟	文盲	精通	1861—1948, 享年 87 岁
夏湾	唐尔宜	文盲	精通	1861—1948, 享年 87 岁
夏湾	唐国屿	文盲	精通	1871—1948, 享年 77 岁
棠下	义云五	高中	精通	1896—1973, 享年 77 岁

表4 1990 年之前江永女书流传的文本统计

原作 \ 抄存	高银仙	义年华	唐宝珍	胡慈珠	甘益义鸿举	夏湾村唐氏	浩塘欧京宜	朱家湾李氏
高银仙	6	2						
义年华	1			2				
唐宝珍	1D			1				
胡慈珠		1D+2	1	1				
梅香	1						1	
高弟	1							
佚名	112	70			1	1	2	1

续表

抄存　　原作	高银仙	义年华	唐宝珍	胡慈珠	甘益村义鸿举	夏湾村唐氏	浩塘欧京宜	朱家湾李氏
甘益村某某妇女亲家	1							
以下为女书传人致学者的女书书信								
张一农	3		1F					
周硕沂	1							
谢志民	1							

说明：①D 代写女书，Y 汉译女书，F 附件女书，原作者抄存者为同一姓名，为女书作者。

②根据当地政府 1990 年之前江永女书流传的文本统计数据制表，总计 215 篇。

（刘静编辑）

在女书流传过程中，曾涌现出许多女书高手，她们为女书的发展延续做出了重要贡献，然而，清末以前的女书传人都没有留下姓名。

下面介绍几位女书自然传人和政府认定授牌的女书传人。自然传人的约定俗成的定义是她们在日常生活中以女书为载体，记述自传，传递情感信息，或擅长写作，或长于读唱，或精于汉文与女书的文本翻译，有生之年，欣逢 20 世纪 80 年代外界尤其是学界着手抢救、保护女书，她们凭着自己对女书的热爱，创作、抄存记忆中的女书，现存的女书原件多数出自她们之手。女书传人，在当今是江永县委宣传部认定授牌的，一般具备认、写、说、唱女书的能力。她们是江永女书的当代传人。

1. 高银仙

高银仙，又名高银先，女，1902 年 9 月 19 日（清光绪二十八年壬寅八月十八日）生于江永县上江圩镇高家村，1990 年 2 月 4 日去世，享年 88 岁。

她 9 岁丧父，随母生活。21 岁时出嫁到邻近的浦美村，与丈夫胡新明共育二女一男。儿子胡锡仁，曾任大队会计、村文书、村主任，健在。有孙子一个，孙女四个。

高银仙是未出嫁前学习女书的。小时候高银仙听妇女们唱读女书，觉得蛮可怜的，也蛮有道理，后来就跟姑姑以及其他姐妹学习女书。未出嫁时同村有六个姊妹认识女书，出嫁后走亲戚时常和姊妹们读唱女书，自己有空就写女书，把自己的心事写成女书，以书解愁。

20世纪60年代高银仙又结交了七姊妹，其中葛覃三个、棠尾一个、浦美两个、呼家一个，其中有三个人会写女书。大姊（当地习俗称姐为姊）高银仙、二姊卢月玉（桐口村人，嫁到呼家村，精通女书，1980年去世）、三姊卢树宜（桐口村人，嫁到棠尾村，会认读女书，1974年去世）、四姊胡慈珠（浦美村人，嫁到葛覃村，精通女书，1977年去世）、五姊高金月（高家村人，嫁到葛覃村，会写女书，1985年去世）、六姊欧阳三（棠尾村人，嫁到葛覃村，后来瘫痪，1987年去世）、七姊唐宝珍（夏湾村人，先嫁到白巡村，丈夫死后，改嫁到浦美村，1999年去世）。后来，高银仙还和义年华以书会友，结交为姊妹，经常互相通信，互相慰问。

江永一带妇女有结拜姊妹的习俗，一旦结为姊妹，关系非常亲密，赛过连襟同母生，经常通信，往来贺喜问忧。二姊卢月玉过七十岁生日时，胡慈珠给她绣了两个帕子。卢月玉去世时，高银仙给她写了几张女书纸、一本女书，《王氏女》连同那两个帕子，随卢月玉埋葬，让女书相伴她到阴间；过了两三年胡慈珠也去世了，临终时她嘱咐给她烧些女书，胡慈珠的丈夫让高银仙把胡慈珠留下的女书拿回家，高银仙没拿，而是按胡慈珠的心愿把十几本女书都烧了，其中有《王氏女》《西施女》《卖花女》《梁祝姻缘》《咸丰年间走贼》等。

高银仙一生为人忠厚老实、勤劳俭朴，她很会绣花绘画，常常把女书作为图案编织在花带上。高银仙刚强善良，一向待人和善，从不与人争吵，在乡里有很高的威望，妇女们有什么事都请她说服劝解，经常有人请她用女书写自传诉苦，写三朝书送出嫁姊妹，她还帮人写敬神歌等。她每到一处，便围拢来许多妇女唱女书，非常热闹。来浦美串亲戚的妇女也常常到高银仙家，请她读女书，高银仙总是热情地为客人唱几段，大家都得到一种精神上的满足。

高银仙晚年心情很不好，1985 年儿媳妇病故，老人为儿子忧愁着急，又担心儿子不孝。结交的姊妹相继去世，只留下她和义年华写女书互相倾诉苦闷，和唐宝珍唱女书自慰自娱，每天除了干点家务就埋头写作女书，最后几年中高银仙写了数百篇作品送给前来调查女书的人，为抢救女书资料做出了巨大的贡献。在她后期作品中，常常见到她儿时的儿歌童谣，以及"八十八岁啦""年老不中用"之类的话，似乎感到时间不多了，喜欢追溯往事。高银仙直到临终前还是耳不聋眼不花，头脑清醒，身体硬朗，上楼写女书，下楼干点家务。临终时她自己挑选了一些女书，嘱咐哪些是烧掉的，哪些是留下的。

据不完全统计，高银仙抄存或撰写的已经出版的女书作品，有贺三朝书二十余篇，自传和诉苦歌十余篇，结交老同书有二十余篇，婚嫁歌四十余篇，民歌七十余篇，谜语五十余篇，书信十余篇，另有翻译作品十余篇。

2. 义年华

义年华，女，1907 年出生于江永县上江圩镇棠下村，1991 年去世，享年 84 岁。

义年华出生于一个比较富有的官宦之家，曾祖父曾涉足官场，祖父义训朝虽未当过官，但有较高的文化，家中拥有数十亩良田，一座占地百余平方米的"三间堂"，还有一座约 70 平方米的书厅，在棠下村算得上是名门望族。母亲何光慈系潇浦镇白水村人，外祖父是清朝的秀才，义何两家是门当户对的书香门第。由于义年华只有一个妹妹而没有兄弟，祖父到晚年时，便将同房的侄孙义石鼎过继成为义年华的弟弟。义年华 4 岁时，父亲便离开了人世，她同母亲、妹妹 3 人由外祖父外祖母接回白水村生活，义年华 14 岁时才回到祖父身边。叔父是秀才，婶婶会江永女书。义年华婚前心灵手巧，读书识字，读写江永女书、纺纱织布、刺绣缝衣，无所不能。

义年华的少女时代是幸福的，出嫁后命运多舛。她 17 岁嫁给桐口村的卢全为妻，4 年后才生下一女，这令婆婆大为恼火，认为义年华要绝她卢家的后。当时，正好丈夫外出求学，义年华经常受到婆婆的白眼。过了 4 年，义年华喜得贵子，但其子仅 3 岁便夭折，真是祸不单行。儿子死后的第二年，二女儿出生了，又过了一年，三女儿出生了，三女儿仅落地 10 天便连同丈夫一起去世，年仅 29 岁的义年华整天以泪洗面，痛不欲生。

1944 年，日寇犯境，义年华度日艰难，幸亏亲家弟弟帮助她才带着两个女儿逃到了山里，并得到了亲家弟弟一家的资助。但是，这位亲家弟弟不久便被日本兵抓走了，又幸得妹妹、妹夫资助，母女 3 人才逃过了鬼门关。

两个女儿出嫁后，义年华改嫁到黄甲岭乡的白马村。再婚后的夫妻关系甚好，但婚后一年多，丈夫又死了，她只好又搬回桐口村居住。因为与家人不和，80 岁高龄的她出走他乡，轮流到结拜姊妹家食住。县、乡两级政府获悉后，每月发给其生活补贴，义年华才回到了桐口村。

义年华幼时读过《三字经》《百家姓》《千字文》等蒙学读物，有小学文化。14 岁时从白水回到棠下村以后，开始向姆娘学习女书，并迅速成为认、读和写作方面都有很高水平的女书传人。她写自传，还替别人写过许多传记、三朝书、民歌、记事歌、婚嫁歌、翻译作品及书信。1983 年回桐口村跟随大女儿卢艳玉过晚年。她曾结拜了七姊妹，都能读、写、唱江永女书。1987 年，义年华在当地政府的支持下，于本村组织了一个女书学习班。在晚年患有严重哮喘病的情况下，她还坚持每天写作，为抢救女书竭尽全力。从 20 世纪 80 年代初期起，她接待了众多采访江永女书的国内外专家、学者。义年华不仅江永女书作品很多，而且江永女书文章写得漂亮，为专家、学者提供了大量的江永女书原作。她在桐口村还办过江永女书学堂，有十余位少女就读，为江永女书传承做出了很大的贡献。1991 年去世，享年 84 岁。在义年华的影响下，桐口村的妇女们对江永女书已经有了较多的了解。她去世时，其女书作品被当作祭品焚烧，现留下来的作品比高银仙的少。

3. 阳焕宜

阳焕宜，女，1919 年七月初二出生于江永县上江圩镇杨家村，2004 年 9 月 20 日去世，享年 95 岁。

阳焕宜的父亲叫阳石养，从小跟祖母李氏学医，擅长诊治小儿麻疹。他在行医时常常听到许多农村妇女谈及女书，认为会女书的都是些有见识的妇女，就让阳焕宜也学女书。阳焕宜十四岁时与杨三三、杨栾栾、高银仙等五个人到葛覃村朱彤之、兴福村义早早那儿学女书。当时学女书要交钱，每四百文钱教会一张纸（一首女歌），包括会唱会写。阳焕宜前前后后大约学习女书三年，不是天天学，而是隔几天去学一次。后来附近有人嫁女，便来请阳焕宜去写一些三朝书，做红包放在抬盒里当嫁妆，显示新娘及娘家的才华。阳焕宜的父母去世很早。她有一个姐姐，也很早就去世了。还有一个弟弟叫阳牛兴，在杨家村，活了 77 岁。

阳焕宜 21 岁嫁到上江圩镇新宅村陈家，结婚只三个月，丈夫上山砍柴被毒蛇咬伤去世。两年后她改嫁给铜山岭农场河渊村何养正，生下 8 个孩子，5 个夭折。阳焕宜的丈夫爱赌钱，因此家里很穷，欠债很多，一年亏半年粮食。阳焕宜历经艰辛，把两个儿子拉扯成人。20 世纪 60 年代初，两个儿子都到铜山岭农场工作。阳焕宜就随儿子搬出河渊村，住在农场场部附近的职工宿舍。场部离河渊村 2 公里，但对"三寸金莲"的阳焕宜来说，回村和老姊妹相聚"唱纸唱扇"的机会越来越少。平日没有人交流，只是自己写写女书、吟唱女书，聊以自娱。当学者第一次见到老人时，她一下子拿出自己写的几本女书唱起来。1991 年她出席全国女书学术考察研讨会，与季羡林、周有光、刘乃和等中国学界泰斗一起坐在主席台。1995 年阳焕宜到北京参加第四届联合国世界妇女大会，在国际论坛上写女书，唱女书。

20 世纪 90 年代以来，阳焕宜在家中接待了大量前来江永探寻、研究、采访女书的中外专家学者、新闻媒体记者，为抢救保护女书文化做出了积极贡献。2002 年，江永县政府将阳焕宜的户口"农转非"，列为城镇居民最低生活保障对象，每月发一定的生活费。2003 年 10 月，阳焕宜被江永县女书文化研究管理中心授予"女书传人"荣誉称号。阳焕宜配合清华大学教授、女书研究专家赵丽明，于 2004 年 1 月出版了《百岁老人——阳焕宜女书手稿》专著。

4. 唐宝珍

唐宝珍，女，1910 年出生于上江圩镇夏湾村，1999 年去世，享年 89 岁。其父名唐石福，以务农为生，家中拥有几亩田地，过着自给自足的生活。

唐宝珍父母生下五男二女，但唐宝珍的四个弟弟都在几岁时便夭折了，最小的一个弟弟叫唐全保，原来身强体壮，在 13 岁时被一场痢疾夺去了性命。20 世纪 50 年代，其父母先后辞世。从此，唐宝珍陷入了孤独和凄苦之中。唐宝珍 18 岁嫁到白巡村，一年后生下一个儿子，第三年又生下一个女儿。家爷去世后，丈夫又被抓壮丁而远死他乡，一子一女也先后夭折，她只好将小叔的次子过继入户。不久，小叔反悔。经人撮合她改嫁到朱家湾村王家，在王家生下一女儿后，丈夫去世，家贫如洗，不得已又改嫁到浦美村。这位丈夫对她很好，唐宝珍对此十分感激。但好日子过了不足十年，丈夫又去世了，唐宝珍再次孤单一人，度日如年。晚年幸亏与高银仙等结成姊妹，日夜共处，同习女书，互劝互慰，生活才得以安定。

唐宝珍不会写女书，但能认女书。她嗓子好，是吟唱女书的高手。唐宝珍不仅唱出无数的女歌让采访者录音，还绣了许多女书巾帕送给采访者，为抢救女书做出了一定贡献。

5. 胡慈珠

胡慈珠，女，1907 年生于江永县上江圩镇浦美村，1977 年去世，享年 70 岁。胡慈珠是遗腹女，母亲带着她靠祖上留下的两亩田土，艰难地度过了十二个春秋。母亲去世后，她靠着一位堂伯母的帮助度日。20 岁时出嫁到葛覃村，婚后五年又夫死子亡，不得已改嫁。抗日战争爆发，再婚的丈夫被抓了壮丁。这时胡慈珠已有一儿二女，无法生活下去，只好再次改嫁，直到1949年后才过上安定的生活。

胡慈珠是从小在娘家学会女书的。她精通女书，特别善唱女歌，有"女书歌王"的美称。她写作的《女书之歌》和《解放歌》堪称女书佳作。特别是《女书之歌》被收入《江永县解放十周年志》，这是第一篇载入县志的女书作品。在她去世后，其遗作《王氏女》《西施女》《卖花女》《梁祝姻缘》《咸丰年间走贼》等都被当作祭品焚化了。

由胡慈珠创作并流传下来的女书作品主要有《女书之歌》《西静姊妹进花园》《胡慈珠自诉》《慈珠劝解宝珍书》等。

6. 何静华

何静华，女，汉族，1934年出生，小学文化，在江永县江允山镇溪洲尾村出生，嫁到潇浦镇潇江村生活。

何静华从小就受到良好的女书氛围熏陶，其母亲及姨妈（嫁至潇浦镇北岭村）经常在一起写女书、唱女歌，互劝互慰，交流感情，在耳濡目染中何静华学会了吟唱女书歌谣。姨妈陈仙居还把自己珍藏的三朝书原件传给了何静华。

20世纪60年代，何静华跟母亲学会了剪纸工艺，成为附近几个村小有名气的女红能手，剪纸作品有《龙凤呈祥》《双凤朝阳》《龙仔凤女》《蝶恋花》等。

21岁那年，何静华嫁到了潇浦镇潇江村蒲家，经历了丈夫遭冤、老年失子。1996年3月，其小儿子因车祸不幸身亡，在悲痛欲绝、万念俱灰之际，何静华想到幼时姨妈常用"长脚蚊"字诉女性悲伤，她也把自己的悲痛用女书写成诉苦文《静华写书在扇上》，以慰藉心灵之痛。

1994年，中央电视台到江永县拍摄电视专题片《深闺里的字谜》，何静华扮演"坐歌堂"婚俗故事中为女儿哭嫁的母亲，充分展示了她的吟唱艺术。此后，何静华在自己家里办起了"静华女书园"，为爱好女书的当地妇女义务传授女书，抄写女书原件唱本 160 多本，创作了《何氏修书诉可怜》《静华思逝儿》《十念亲娘》《我爱女书》《劝解歌》《思念之花》《十教儿女》《结交书》等 50 多部女书作品，有的还在《湖南日报》等媒体发表。2003 年，何静华被江永县女书文化研究管理中心授予"女书传人"荣誉称号。华夏经纬网的"非遗省级传承人"专题中是这样介绍何静华的：她书写女书作品 160 余本，创作女书作品 50 多篇。她创办了静华女书院，集女书教学、女书字画和工艺品展销为一体，展示了华夏千百年来秘密隐藏在女人深闺中的独特神奇女性文字风采，赢得了国内外专家、学者的极大兴趣和赞誉。永州市电视台、湖南省电视台、中央电视台、五洲传播中心和中国台湾、法国、意大利等电视台以及新华社、永州日报、湖南日报、英国卫报等三十多家新闻媒体都做了专题采访和报道。女书院接待参观采访达 200 多人次，其中有来自日本、美国、英国、德国、法国等 13 个国家的客人。前来女书院学习女书的有 26 人，其中女大学生有 8 人。①

2012 年何静华获得"国家级女书传人"荣誉称号。

7. 何艳新

何艳新，女，瑶族，1939 年 8 月出生在江永县铜山岭农场河渊村，小学文化。何艳新从小跟外婆一起生活，在外婆的言传身教下，9 岁时便学会女书的读、写、唱，初步入门，11 岁时就将自己的感想创作成女书。

从 1993 年开始，何艳新积极配合国内外高校有关专家学者开展女书调查工作，如刘斐玟、赵丽明、远藤织枝等，为远藤织枝翻译了《梁山伯》《三姑记》。1997 年，何艳新受日本友人之邀，代表江永县人民政府到东京参加了国际女书学术研讨会，在研讨会上，何艳新创作了《慌忙手飘帐遮羞》，演唱了部分女歌，写了多本三朝书给相关专家学者。2003 年 10 月，

---

① 何静华（女书习俗）："湖南省首批省级非物质文化遗产项目传承人"［EB/OL］.（2012-11-15）. http://www.huaxia.com/hn—tw/xtjl/jczt/swjsjyhnsfwzwhycwlz/fysjccr/2012/11/3084732.html.

何艳新被江永县女书文化研究管理中心授予首批"女书传人"荣誉称号。

何艳新能根据不同场合、不同人物即兴创作女书作品，主要作品有三朝书、手帕、花带等十余件。

8. 蒲丽娟

蒲丽娟，女，汉族，1965年出生在江永县潇浦镇潇江村，高中文化。

蒲丽娟为女书传人何静华之女，她从小就听母亲唱女歌，学会了《花山庙》《罗氏女采桑》等女书歌谣。2000年，蒲丽娟下岗后，师从母亲学习女书，在母亲的影响下全面接触女书的写、读、唱以及刺绣、织锦等。2003年10月至12月，她受宫哲兵邀请到武汉宜昌三峡中国女书村从事女书民俗表演——唱女歌。12月回到江永后，蒲丽娟与他人合作创办女书传人艺术团，成员有何静华、周惠娟、吴爱娟、徐雪芬、欧阳红艳、欧阳兰淑、胡艳玉、蒲丽娟8人，到女书园从事女书文化的读、唱、写及女红表演活动。2004年10月1日，蒲丽娟加盟江永旅游发展有限公司，成为女书园管理员，从事女书文化讲解、民俗表演等活动。2005年8月至2006年3月，蒲丽娟辞职，在母亲的指导下苦学女书，其间认真学习赵丽明所编《中国女书合集》收录的女书原件62份并抄写女书原件48份，女红4万字。目前蒲丽娟能熟读女书原件，会唱女歌三十余首，会织、会绣，制作了部分女书工艺品和女书条幅。2008年蒲丽娟赴北京的奥运会现场宣传介绍女书。蒲丽娟女书文字的字形特点是弧笔像眉手，笔画纤细秀丽，美感突出，字体艳丽，被称赞为再现明清时期女书风貌。她翻译的女书作品有《八十一个他字歌》，创作的作品有《丽娟劝母》《幼鸟鸣声双添翅》《亲手修书白纸上》《春暖花开拜高门》《亲手修书拜贵府》《海棠花开热水红》等。

2010年，蒲丽娟被授予江永县"女书传人"荣誉称号。

9. 胡美月

胡美月，女，瑶族，1963年3月出生，初中文化，在江永县上江圩镇下新屋村的浦美出生，后嫁到附近的夏湾村生活。

胡美月从小受到女书自然传人祖母高银仙的影响，从5岁起开始接触女书，10岁时会读、写、唱女书，12岁时学会织锦带、剪纸，此后一直利用空闲时间学习女书，20岁便能独自创作女书歌谣。20世纪80年代，她曾带清华大学赵丽明教授等专家学者深入上江圩荆田、桐口等地考察女书。2001年至今，在县人民政府的支持下，胡美月被聘为浦美村"女书学堂"的专职女书教员，利用双休日为当地女性传习女书，目前已培养女书新的爱好者和传承人三批共120余人，其中能读会写、能织善绣的达40余人。胡美月的主要作品有《胡美月诉苦书》《给曹小华三朝书》等。

2003年10月，胡美月被授予江永县首批"女书传人"荣誉称号。2009年，胡美月被授予湖南省级"女书传人"荣誉称号。

10. 周惠娟

周惠娟，女，汉族，1943年出生，初中文化，在江永县上江圩镇夏湾村生活。周惠娟从6岁起便由大姐教唱女歌，10岁就被人请去当坐位女（当地女子结婚，有邀请要好女伴坐歌堂习俗，被称之为坐位女），学会了许多歌堂歌曲。她19岁结婚，21岁开始学做女红，跟伯母（何福仙）学绣花、做衣服十余载。

1987年外界专家来江永把义年华接到了镇政府翻译女书时，周惠娟做当地方言和女书发音的汉文翻译，开始接触女书，然后逐步学习女书文字。1987年陪同美国学者史凯姗到上江圩镇调查女书，创作女书作品《同师访女书》。2003年10月至12月，受宫哲兵之邀到武汉宜昌展示女书文化。2004年10月到女书园工作，任女书学堂教师，教妇女学习女书。

目前，周惠娟创作有《周惠娟自传》《新疆之行》《祝寿》《兄妹情》《出行宜昌》《武汉之行》《上海之行》等女书作品。

2010年，周惠娟被授予江永县"女书传人"荣誉称号。

11. 胡强志、义运娟夫妇

胡强志，1968 年出生。1986 年前后随武汉大学教授宫哲兵给奶奶高银仙做女书的汉语翻译，帮助谢志民教授做女书的介绍、收集、整理。此后创办女书工作室，多次接待来自美国、澳大利亚、日本、德国以及中国台湾的学者。先后协助永州博物馆、陕西师范大学妇女博物馆和女书园做女书的传承和奶奶文物的收集整理，参与《雪花秘扇》等电影的女书演唱指导工作。多次接待武汉大学、中南民族大学、湖南工商大学等高校的师生到江永实地调查访谈。

义运娟，女，1969 年 9 月出生在江永县上江圩镇甘益村，汉族，文盲，1989 年嫁到下新屋村的浦美，丈夫是女书自然传人高银仙的孙子胡强志。

义运娟 1989 年开始接触女书，后一直跟随胡美月学习女书相关知识，基本掌握了女书的读、写、唱以及刺绣、编织等女红手艺。2009 年到浙江参加电影《雪花秘扇》的拍摄，扮演电影中的女书传人角色。义运娟的主要作品有女书扇面《共赏奇文》等。

2003 年 10 月，义运娟被江永县女书文化研究管理中心授予首批"女书传人"荣誉称号。2008 年胡强志、义运娟夫妇被江永县委授予"女书世家"荣誉称号。

12. 胡欣

胡欣，女，瑶族，1988 年 3 月出生在上江圩镇下新屋村的浦美，中专文化。

胡欣 8 岁即开始接触女书，2001 年在浦美村女书教师胡美月的指导下学习原生态女书，此后一直利用空闲时间学习女书，很快就能够读、写、唱、表演，能织善绣女红作品。胡欣自 2006 年中专毕业后一直在江永县浦美女书园工作。2009 年，胡欣被江永县委评为"江永女书形象大使"；同年被中共湖南省委宣传部选派参加"建国六十周年湖南省成就展"，进行女书表演，被省宣传部授予"优秀讲解员"荣誉称号，成为最年轻的女书传人；同年8月代表女书传人参加上海世博会湖南活动周，进行女书习俗展示。2011年6月受湖北卫视邀请带着自己创作的128米女书长卷参加了湖北卫视的端午节晚会，这是女书传人第一次受邀走上电视舞台；同年9月，胡欣做的女书工艺品在湖南第二届旅游商品博览会上获得银奖。2012年赴台湾参加"两岸非物质文化遗产月"活动。

2010年，胡欣被授予江永县"女书传人"荣誉称号。

（二）人物访谈

1. 访谈义友居

时　　　间：2004年6月2日下午3：30—4：30
地　　　点：湖南省江永县浦美村
被 采 访 人：义友居
采访撰稿人：骆晓戈

下午3点，我们在江永县文化馆有关人员陪同下，驱车前往有名的江永女书村——上江圩。上江圩离县城只有十几里，位于江永通往道县的途中。为我们开车的司机姓贝，是壮族人。他说第一次到女书村是十多年前，那时没有修路，这个地方很难找，四面环水，一条永明河以及它的大大小小的支流将这个村庄环绕成小岛，如今修了"摇桥"，又修了一条简易公路一直通到村里，方便是方便了，可是当年的景致也少了许多。当我们在新修的女书学堂落座，一群中老年农村妇女涌了进来，一位年长的妇女名叫义友居，今年79岁。我说从年长的开始，说说自己的身世，唱唱自己最喜爱唱的女书。

义友居：我今年79岁了，我是瑶族人，娘家是甘益村的，我是16岁嫁到上江的，我嫁来的时候不会种地，靠养鸬鹚为生。那个时候这里四处都是水塘和小河流，我最早是跟着高银仙唱女书。我们一起唱女书歌，打花带，村子有人家嫁女，我们也去唱，我们中间有的人会写女书，我不会写，跟着唱唱会的。嫁女坐歌堂唱三天三夜，不会唱的，就伴着唱，几十人一起唱。

骆晓戈：能不能给我们唱一段女书歌？

义友居兴致很高，接过讲解员手中的扩音喇叭大声唱了起来。

义友居：正月新年也好过，我们大家坐拢来；二月十五树发芽，田里功夫备犁耙；三月杨梅树茂盛，四月春种急忙做；五月里来石榴红，坐起高楼绣花裙；六月一场空过日，一对鸳鸯不成行；七月不在一起做女红，大家没有做一针；八月十五要割禾，家家户户接客来（请零工）；九月一起纺棉花，想起自己一生不想做；十月霜降树落叶，可怜我们姐妹不得一天歇，十一月天鹅向南飞，我们姑娘转向何方？十二月年终事过完，下年再来用心血。①

义友居一边唱，一边向我们解释唱词大意，她唱的是当地的民谣，用当地的方言来唱，我们弄懂唱词大意花了不少时间。

接着义友居和陈宣风、朱华美等人一起唱起了女书中一首十分有特色的《河边稚竹》。这首女书歌谣我曾经在《中国女书集成》中读到过。内容是讲一位成年女子嫁给三岁男人做媳妇，是很有民间特色的一首女书歌谣，现在听女书传人们一起唱来，又是另一种韵味：

> 河边~稚竹~绿茵茵~唉~哎，
> 三岁~男孩~不知天~唉~哎；
> 四岁孩儿跟叔吃~~
> 三岁男孩~也~色，默拉拉藤~（不知天）

唱到拖腔部分，连老人跟前的三岁小男孩也跟着一起"默拉拉藤~（不知天）"。这和在高山上唱的瑶歌完全不一样，它低沉回旋，伴着火塘的火苗，伴着溪边的竹叶，这是在和自己的姐妹心灵对白，是吟诵。

这几位女书传人都十分热心，领着我们到她们家中看她们的花带和瑶

---

① 演唱的是当地甚为流行的《姐妹歌》。

家织锦。义友居一路跟我们说她是很有觉悟、受过组织教育的人，她年轻的时候到公社里吃了四个月公家的饭（意思是指参加政府组织的妇女学习），所以她现在尽管年纪大了，还是响应政府的号召，到女书学堂教大家唱女书。她还记得自己是坐大花轿子嫁到这个村子的。我笑着对老人说："您老人家精神不错，身体也蛮好。"老人说："是哦，是哦，有钱不用家里穷，有歌不唱生来愁，唱唱女歌解忧愁。"

真是出口成章。大家一致称赞义友居老人。

走在女书村，我觉得这里的小巷子十分逼仄，两人相遇都得侧身让路，篮子里提的是瓜是菜，看得清清楚楚。女书传人高银仙的孙子胡强志告诉我，听老人说这里山上原来有老虎，老虎下山会吃人的。大家砌房子才一家挨着一家，壮胆。看上去，屋檐、天窗紧紧挨着，可以称得上是鳞次栉比。

"没有自己家的院子晒谷子方不方便？"

"村里有一个的，大家都放在一个晒谷坪，用簸箕和竹席分开来的。"

"没有人偷？"

"不会的。"

"你们这里过去有没有地主？"

"我们村里没有地主，连富裕中农都没有，新中国成立后划成分，都是贫下中农。"

"那'文革'搞斗争会，你们这里怎么弄的？"

"把别村的地主牵来，做做样子。"

"为什么村子没有地主、富农，大家的生活都很苦吗？"

"听老一辈说，我们这里主要是靠水吃水，田地都不多，土改划地主是按田地来的，有的人家捉鱼摸虾，以前这里的日子过得不算很富，也不算差的。"

难怪这里一直流传女书，这里相对与世隔绝，几乎半个世纪的政治运动都没有影响到这里的风土民情。一直到20世纪80年代后期，女书这种世上罕见的女性文字被发现之前，这里与外界的接触都十分少。

这里人均田地不足一亩，男人除了干地里的农活，还外出打鱼，妇女一般不做农活，在家里做针线活和家务活。

2. 访谈蒲丽娟

时　　　间：2012 年 8 月 20 日下午 4：30—5：30
地　　　点：湖南省江永县浦美村女书园展厅
被 采 访 人：蒲丽娟（女书传人）
采访撰稿人：2012 年走读江永女书小组成员郭燕
浦美村也叫"女书岛"，以前被称为"浦尾村"。

下了公交车，远远就看到"江永女书生态博物馆"的牌楼矗立在村口，步入村口不到百米有一座铁索吊桥，过了吊桥紧接着是大片梨树林，一条"女书"石头路镶嵌在中央，"女书"石路通往女书园和浦美村。著名的女书传人高银仙、唐宝珍曾经生活在这里。

来这之前，我们就和高银仙的孙子胡强志联系好了。在胡强志夫妇的热情款待下，我们品尝了刚从树上摘下来的梨子、葡萄和美味的农家饭。由于每天的任务都很重，饭后大家来不及午休便奔周边的两个村子去了。至于浦美村，我们想在走完那两个村子后，慢慢来感受一下这里的女书气息，因为我们担心太过匆匆而错过某些东西，给此行留下遗憾。再次回到浦美村，我们连东西都来不及放到住处，就奔向了女书园。

在这里我们见到了女书传人蒲丽娟，她正在一展厅内写女书，当她听说我们是骆晓戈老师的学生时，非常开心，笑着说她等我们等了好长时间了。由于快到女书园下班的时间，我们团队成员分为两队，一队负责对女书园的展品进行详细的拍摄，另一队则由我负责对蒲老师进行访谈。蒲老师很热情地给我们讲解女书，并接受了我们的访谈。

郭燕（下文简称"郭"）：蒲老师好！你们每天在女书园工作几个小时啊？

蒲丽娟（下文简称"蒲"）：早上 8：30 上班，下午 5：30 下班，中午休息 1 小时。

郭：你们每天的工作是什么？

蒲：给来参观的游客讲解女书的相关知识，在这里创作一些女书作品，给慕名而来学习女书的学生上课等。

郭：作为一名女书传人，你觉得女书传承面临的困境是什么？你个人的态度是怎样的？

蒲：女书是以当地方言为根本的，但是由于社会发展的需要，倡导普通话，当地的方言也受到了一定的冲击，使女书失去了发音基础；另外，许多民间习俗已经在这里（江永）消失了，女书也就失去了运用的场合和学习的环境；还有就是教授和学习女书没有系统化的教材。所以，对此我个人的态度是比较消极的（微笑）。

郭：那你觉得摆脱这些问题的方法是什么？

蒲：我个人（的想法）啊？普及方言呀（笑），当然这不现实。

郭：蒲老师，既然教授女书没有系统的教材，那你们的课堂上一般都给学生讲什么呢？

蒲：先从简单的、容易记的教起，比如他们的名字、常用的祝福语。

郭：跟你学习女书的学生多吗？学习的成效怎么样啊？

蒲：学习的人挺多的，但都是业余学习的，着重在于感受一下，大都坚持不了几天，所以效果不是很好。

郭：那你的学生里面坚持最久的是多长时间？学到什么程度了？

蒲：有坚持学习一年多的，例如我的学生龙文利（外地人）、黄文贵（本地人）等。已经达到会认、会读、会唱的程度了，现在还在学习中。

郭：在这种业余学习女书的情况下，女书的未来走向会怎样？说说你个人的看法吧。

蒲：政府在宣传方面还是很积极的，使得越来越多的人来关注女书，同时采取了一系列的保护措施，全力拯救女书。但从传承方面来说就没有那么积极了，最主要的原因就是在当下的生活中女书失去了使用价值。

郭：通过了解，我们发现以女书为写作题材的作品越来越多，形式越来越多样化，这样会不会导致女书作品的失真呢？作为女书传人对此你是怎么看的？

蒲：这种情况大致开始于 20 世纪 80 年代，主要原因是专家和学者的引导。对此我觉得要一分为二地看：对女书的继承和发展是有利的，什么东西都要有新意嘛，一直那样会有几个人看啊。但是，外界人士对女书的认识也会产生一定的误解，比如说女书对古代诗词的翻译，其实原来是没有的，但很多人就以为可能在女书里原本就有。

蒲老师是一位有文化气质的女性。我们从她在女书园每天的工作谈到她对女书未来的展望，她对女书传播的现状、存在的问题以及女书的走向谈了个人观点，清晰而精辟。让我感受到她作为女书传人强烈的责任感和对女书传承的忧虑感。

3. 访谈何静雪

时　　　间：2013 年 7 月 23 日下午 3：30—4：30

地　　　点：湖南省江永县锦江村

被 采 访 人：何静雪

采访撰稿人：骆晓戈

这次与何静雪老人见面是在锦江村，公路边就是她儿子的家。看来老人常常接待来访，见面便自我介绍。当我说 2007 年在她的老房子访谈过她，她高兴极了，伸出一双脚来让我们拍照，让我们看，看她小时候裹小脚，脚趾扭弯了——

"2007 年 2 月，我拜访了她，她拿出自己编织的花带，还详细地说出花带上的一个个传说故事来。五比五娘知文政，六比金鸡对凤凰，七比天上七姐妹，八比神仙吕洞宾，九比蟠龙来戏水，十比鲤鱼跳龙门……"

何静雪有 78 岁了，我们拉完家常之后，便说起女书，她回忆起当年在娘家结拜姊妹学唱女书的情景来。

"那时候村子里的大户人家嫁女，摆歌堂要唱三天三晚，提早一年，就开始摆歌堂，我们这些做姑娘的就跟着去唱，这类似今天正式演出之前的彩排。"

这么说来，女书的流传首先应该是在当地的一些大户人家之中，这些人家是乡土文化的支撑者和传承者。

"上个世纪 80 年代怎么说到女书都没有人提到大户人家嫁女的场景呢？"

"那时候，大户人家曾经被划为地主，家庭成分不好，所以当时露脸的女书传人都要是贫下中农，家庭成分好的。"

"我结拜七姐妹，有个叫雪芝的，娘家是桐口的，嫁到河渊蒋家，她家条件好，只有一个女儿，我们总是到她家走人家。她妈妈会唱女书，教会我们唱"。

"你们一般是什么节气走人家？"我问。

"二月十九是观音出世，我们结拜姊妹一同出行。吃斋，走人家，唱女书歌。还有六月十九、九月十九都是姐妹聚会的日子。"

"你记得你出嫁的时候，有几本贺三朝书吗？"

"我 18 岁嫁到荆江，是坐轿子的。我出嫁的时候，摆了三天歌堂，妈妈的姐妹、姐姐的结拜姐妹、我的姐妹们都来了，每顿饭都是十三个桌子。"

"你们请了不少人吃饭，你娘家是地主吗？"

"不是，是中农，我出生 5 个月就没有了父亲。来坐歌堂的都是学唱女书的姐妹，也有些是妈妈、姐姐教会的。"

"你自己会不会写女书？"

"不会，我请别人写女书，我会唱，我唱给你们听……"

说着老人的眼泪流了出来。她说原本她有 6 本"贺三朝"，因为后来不准唱，做鞋垫了。

从龙田到锦江，我们再次说到大户人家摆歌堂。

4. 访谈何元聪

时　　　间：2013 年 7 月 23 日下午 2：30—3：30
地　　　点：湖南省江永县龙田村
被 采 访 人：何元聪
采访撰稿人：骆晓戈

2013 年夏，我们又和八叔见面了。八叔今年种的葡萄大丰收，他守在葡萄园，在路边卖葡萄。见我们来了，八叔热情招呼我们坐下，洗了一堆葡萄，我们遥望龙田村，回忆 2007 年我们一行到龙田村访谈的情景。

八叔名叫何元聪，今年 70 岁。据他介绍，在他没有出生时，在 20 世纪的三四十年代，龙田村里的妇女出嫁后，人人都有一本"贺三朝"书，不会写的请人写，一些妇女受了委屈就找会写女书的人替她写自传诉苦。

"我村子有两个很会写女书的人，在 20 世纪 80 年代，因为成分不好，不敢宣传。一个叫义凤英，1919 年出生，1995 年过世；另一个叫邓群仙，是义凤英的婆婆，义是受婆婆的影响学女书的。80 年代武汉民族学院来调查女书，两个人都不敢露面，因为她们都是地主出身。"何元聪告诉我们。

我们随何元聪走村串户，看了义凤英的故居。

何元聪有一份记录着一些本村的女书传人的名册：

何宛蓉（1867—1929），是本村才华最高，影响最大的女子，出嫁到荆江村，邓群仙是她的侄女，受她的影响学女书。何 30 岁死了丈夫，守寡，但她人非常能干，把家里料理得非常好，大人小孩都不受别人欺侮，在村子里威望很高；

何林京（1901—1990）；

何林娣（1910—2001）；

卢柳须（1916—1995），女书传人义年华丈夫的妹妹，绣工很好，会剪纸；

……

在何元聪的小本子上记录着 20 世纪 30 年代到 90 年代龙田村能唱、能读、能写女书的 24 位女性。

女书的传播不仅仅是通过单一的性别群体，而是以居家形式结成的女性家族群体，与阶级、家族、社区紧密相连，当地大户人家的女性往往是当地女书传播的核心人物。访谈何元聪后，我对此印象很深。

5. 访谈何艳新

时　　　间：2007 年 2 月 25 日下午 3：00—5：00

地　　　点：湖南省江永县河渊村

被 采 访 人：何艳新（女书传人）

采访撰稿人：王凤华，刘秀丽，骆晓戈

2007 年，走过村口的石拱桥，我们来到了何艳新家所在的河渊村。何艳新是第一代传人中有文化的女书传人。这位女书传人曾经被清华大学的赵丽明教授邀请到清华园住了好几个月。下面是对何艳新的访谈（骆晓戈简称"骆"，何艳新简称"何"）。

骆：听说您到清华大学去了半年，清华大学把您接过去是写女书吧？

何：嗯。

骆：你是哪一年去清华大学的？

何：2003 年。

据向导何祥禄介绍说当年还在清华园有一段广为流传的佳话，清华园的大学生恋人请何艳新老人为他们用女书即兴赋诗。何艳新老人说，她在清华园为青年大学生写女书扇子，写了五十多把。

骆：河渊村喜欢唱女书吗？这个地方有这个习惯吗？

何：现在已经没有了。

骆：那现在的女书，你觉得还有什么用吗？

何：我觉得没用了。我自己也不用了。

何祥禄：她跟阳焕宜学的，她是阳焕宜的关门弟子。

骆：你是跟阳焕宜学的？

何：不是，有个人叫欧阳红艳，她是阳焕宜的关门弟子。

6. 访谈何林珠

时　　　　间：2013年7月24日下午3：30—4：30

地　　　　点：湖南省江永县河渊村

被 采 访 人：何林珠（唐宝珍之女）

采访撰稿人：骆晓戈，雷梦琪

2013年的夏天，我们再次来到河渊村，何艳新不在家，因病住院了。我们访谈了高银仙结拜姐妹唐宝珍的女儿何林珠。何林珠的家是一处明清古建筑，高墙飞檐，青砖黛瓦。一进大门，各位都忙着拍她家木门木窗上栩栩如生的木雕，我们走过天井，在堂屋坐下，林珠很热情，我们边吃西瓜边聊开了，访谈记录如下（骆晓戈简称"骆"，何林珠简称"何"）。

骆：女书被发现的时候你已经嫁到这里来了？

何：嗯。

骆：你在娘家的时候你见你妈妈说唱女书吗？

何：有啊，跟他（胡强志）奶奶（指高银仙）一起。

骆：一般是什么时候唱？姐妹聚到一起是吗？

何：是，她们姐妹。姐妹这里两个那里两个，就是几姊妹聚在一起再唱。

骆：见面一般都是在谁家里呢？都在高银仙家里吗？

何：一起去走人家做客。

骆：你很小的时候跟着去吗？

何：我没去过。

骆：哦，她不带你去？

何：嗯。

骆：你妈妈就你一个孩子吗？还有其他孩子吗？

何：是啊，就是我一个。

骆：你今年多大了？

何：我今年 63 了。

何：以前哪，要做事，要出工嘛，才有吃啊。

骆：是的。你的娘家是在浦美那边吗？

何：嗯。

骆：你见过你妈妈写女书字吗？

何：见是见过，她不大会写。他（胡强志）奶奶（指高银仙）会写。

骆：哦。你知道你妈妈跟他奶奶结拜姐妹是在你很小的时候还是什么时候？

何：她们是住在一起的。

骆：哦，你小时候她们就是结拜姐妹的？

何：嗯。

骆：你那时候听她们唱你听得懂吗？

何：我啊，听是听得懂一些，我就在那心里想，都不兴这些个老话了啊。

骆：哦，那她们在一起唱的时候，别人知道她们在唱歌吗？

何：外人可能知道啦。

骆：就是她们自己在一起想唱，没有多少人看？

何：是的。

骆：你妈妈的照片你这里有吗？

何：没有了，我早就不知道放到哪里去了。

骆：哦，好像在一些书里面还能找得到。

何：那时候，外面的人来了，一般接她们去住招待所，肯定有照片。她们招待所那里一起唱歌。

骆：宫哲兵来的时候是不是你妈妈唐宝珍还在世啊？

何：在。来之后去世的。

7. 访谈何静华

时　　　间：2012 年 8 月 17 日下午 6：00—8：00
地　　　点：湖南省江永县浦美村女书园展厅
被 采 访 人：何静华（女书传人）
采访撰稿人：2012 年走读江永女书小组成员郭燕

2012 年 8 月 17 日，走读江永女书小组在江永潇浦镇专访女书传人何静华。

下午六点我们来到了位于潇浦镇的女书传人何静华家里。怀着无限的敬仰与向往之情走进了静华女书园，何静华在这里创作女书并义务教授所有有心学习女书的求学者。在背靠河水的一幢三层小楼门口，给我们开门的是一位头发花白、衣着朴素、身躯也有点佝偻的老人，她就是女书传人何静华。

现年 78 岁的何静华由于右手臂患病已经不能写太多的字。我们在大厅之中坐下，对着门口的那面墙上挂着县委颁发的"女书传人"牌匾，还有一些与女书研究者的合影。在楼梯口的那面墙上，挂着一幅很精致的女书作品，文字优美，图案清新。我们围坐在屋子中间的一张桌子旁，听何静华讲关于"女书"的故事。

女书传承有老传少、母传女的习俗。何静华告诉我们虽然自己的母亲也会女书，但她却是 8 岁时从姨妈那里习得女书的。姨妈无儿无女，日子过得非常清苦，便把她当作亲生女儿一般看待，姨妈是和花色大娘一起学习女书的，花色大娘也是无儿无女，便和姨妈在一起互相安慰，互相扶持。此外何静华还给我们介绍了一些女书的相关知识。女书的原始字体有四五百种，女书的所有笔画有五种，一般分为独体字和结合字。我们请何静华为我们解答了女书的范围，她告诉我们女书包括三朝书、劝解书、结交书、记事书，还有吟诵、女书习俗（嫁女、定亲、女红）等。

作为一位懂女书的君子女（当地将会写女书文字的妇女称为君子女），何静华不光传承老一辈女书人的作品，还在自己的生活之中有感而发、有感而作。她创作了《静华思逝儿》，表达了白发人送黑发人的无限悲伤和对自己儿子的由衷思念。

女书有着悠久的历史，我们和何静华一样共同关心着女书的传承和发展。由于时代的变迁和经济的发展，女书的传统生态环境已经不复存在。我们去的时候何跃娟就在何静华家，她是静华的学生，也是一名中学老师，她经常办一些女书作品展，让外面的人了解女书，她也有意于和一些大学教授合编一套系统的女书教材，把女书带进当地的课堂，作为一门课程供当地学生学习。

最后，何静华拿出了自己的一些女书作品还有扇面，并兴致极高地为我们当场吟诵了其中的一些篇目。我们在女书作品中看到了一些唐诗和现代诗，不禁问以前的女书之中有没有这样的内容。何静华答复我们，这是后来人们加进去的，扩大了女书的书写范围。何静华说道，这样固然是好，有利于女书的创作和传承，但是使很多的女书作品有所失真，并呼吁每一位女书创作者，尊重原始文字，尊重女书文化。

不知不觉中，已将近八点了，为了不影响奶奶的休息我们只得告辞，这位老人自称"没有文化"，可是她的才情、人品、胸襟让我们深深为之敬佩。

8. 访谈何静华

时　　　间：2007 年 2 月 25 日下午 3：00—4：00

地　　　点：湖南省江永县蒲家

被 采 访 人：何静华（女书传人）

采访撰稿人：王凤华，骆晓戈

2007 年 2 月 25 日，我们走访了江永县城蒲家，蒲先生的老伴何静华今年 73 岁了，是一位女书传人。一进门，我们正好遇上了蒲先生，蒲先生原来是江永县供销社的职工，早已退休。

我问蒲先生，你觉得老伴会女书好不好？

他连声说好。

"为什么，真的好吗？不是要耽误一些家务活吗？"

蒲先生人很和善，话不多，说得挺在理。他说："在我们这里，会女书的女人更懂得感情，不会女书的女人不怎么懂得感情。我帮她抄女书，我都会流眼泪。再说，懂女书，知道过去的女人是怎么受苦的，受过什么苦，她一哭，我也哭；还有一个好处，女人的文化提高了，对全家人都有帮助，她开心了，不会有点什么事情就想不开，闷在心里，劝都劝不开。"

"那你觉得会女书有什么不好呢？"

蒲先生接着说："我就是觉得女书太苦太悲了一点，三朝书太悲了，结交书要好一点。我喜欢她那些快乐一点的女书。"

说着大家都很开心地笑起来。何静华立马表扬老伴："我到广州，参加盘王节的女书表演，到长沙开会，一去总是一个星期，都是他在家里带孙子、做饭。"

我在采访中问何静华是什么时候开始用女书写作的。

"我儿子去世就是 1996 年。"儿子去世的不幸让何静华想到童年跟着年迈的女性长辈们，她们说唱女书、书写女书来倾诉生活的不幸。

"1996 年以后你才开始写作？"

"1997 年。"

2007 年 2 月在何静华的家中，我们欣赏了她书写的女书作品——姐妹结交书，还做了访谈录像。

9. 访谈谢志民

时　　　间：2004 年 6 月 1 日下午 3：00—5：00

地　　　点：湖南省江永县蒲家

被 采 访 人：谢志民（中南民族大学教授）

采访撰稿人：骆晓戈

下午 3 点，我拜访了女书研究专家谢志民先生。谢先生刚从武汉的中南民族大学被聘请到湖南科技学院，该学院新近成立了女书暨瑶文化研究所，谢先生是该所的学术顾问。我这一趟到永州是因为我手头有一个女性研究的科研课题"女书与楚地妇女"，有一些问题要向谢先生请教。

谢先生是武汉人，性格耿直、豪爽，见面没说三句话，便全盘端出了自己的观点。他认为女书是瑶字，为此他谈了自己的观点：女书与汉字的造字没有对应关系。谢先生举了几个字例：狗，汉字的造字是形声字，从犬句声，女书中的"狗"，以象征口伸长舌头的狗头之造型为字；芒，汉字的造字是形声字，从艸亡声，女书中的"芒"，为器物口朝上之形；灾，汉字的造字是形声字，从火才声，女书中的"灾"，以水淹到脚上为字形；嘱，汉字的造字是形声字，从口属声，女书中的"嘱"是一只侧身的鸟与人言谈的象形……

谢先生认为女书起源于古越人的记事符号，它的始创者应该是古越人，因为它的文字构造中反映了非常明显的古越文化。

我记得在许多年以前，我到湖南的通道县，参加那里侗族的四月八赶歌场，有一位老婆婆送给我一块侗家的织锦，是用来镶嵌在背小孩的背带上的，上面有一圈鸟头人身的人手拉手的图案。老婆婆告诉我，这是他们的祖先，是鸟人，所以我对于南楚地域这种对于鸟的崇拜早有耳闻。我便问谢先生："您认为在女书中有多少是鸟的象形字符？"

谢先生告诉我，在江永县一带，女书中有很多鸟的符号和崇拜鸟的传说，女书的笔画只有 4 种 10 类，其中鸟的象形占了将近一半，汉字的笔画有 8 种 36 类，所以从笔画上也没有相对应的关系。而这个崇拜鸟的民族，就是生活在远古时代的古越人，古越人是中国很多南方少数民族的祖先，南方少数民族的大多数文明都与这个古越民族有着或多或少的关联，因此，一些研究者根据女书文字构造推测，古越人才是女书的始创者。

从源头上考察，女书就不属于汉字文化圈。

据现在女书研究专家的考证，女书至少有一千多年历史。过去为什么没有关于女书的文字记载？也许我们的史学家们注重出土文物中的陶器、玉器、石器、铜器和铁器，注重发掘和考证那些器皿上的文字和刻画符号，却忽略了还有一种历史文字的载体——织物。女性主义认为在以男性为中心的社会里，女性的历史往往容易被忽略、被遗忘，尽管女人的历史依然如春华秋实在承前启后地延续着，女人的言语却变成了沉默的、幕后的，甚至处在社会言语的底层，沉积在林林总总经女人的一双双手编织的织物符号之中而变得面目依稀，难以辨认，所以女性主义主张在织物中寻找女人的历史。

谢先生的桌上有一本《奇特的女书》（北京语言学院出版社 1995 年出版的，由史金波等主编），上面载有张柏如《江永女书与百越文化的关系》，文中写道"织锦技术在三千年前就形成了，古代的斜织机与织锦图案、符号的互相依存，是原始符号保留至今的原因，女书起源于织锦符号就不足为怪了"。我随手将这一段相关的论述记载下来。

10. 访谈美国女书研究者史凯姗

时　　间：2013 年 10 月 17 日下午 3：00—5：00

地　　点：长沙市铂宫唐樱文学工作室

被 采 访 人：史凯姗（美国密歇根大学语言文学博士）

采访撰稿人：

（1）骆晓戈：湖南工商大学女性研究中心主任，中文系教授，作家（以下简称"骆老师"）

（2）唐樱：长沙市作家协会主席，文联副主席，国家一级作家（以下简称"唐老师"）

（3）黄梅荣：湖南工商大学设计艺术学院教师（以下简称"黄老师"）

（4）卢小伟：三湘都市报记者

（5）杨侃湟：湖南工商大学文学院编辑出版专业大四学生

（6）刘静：湖南工商大学文学院编辑出版专业大四学生

（7）甘文波：湖南工商大学文学院编辑出版专业大四学生

（8）骆静：湖南工商大学文学院编辑出版专业大四学生

（9）葛翱翔：湖南工商大学设计艺术学院动画专业学生

2013 年 10 月，我们在湖南长沙迎来了远道而来的美国女书研究者史凯姗，我们与这位被称为来自大洋彼岸的"女书守望者"进行了一次轻松的座谈。下面是座谈记录。

骆老师：今天是个难得的机会，我们项目组①的师生聚到这里，可以当面向史凯姗教授求教。

史教授：我在美国念大学时学习的是英语专业，最感兴趣的就是现代诗。在我们英语专业学习必须选修另外一门外语才能毕业。欧洲的语言要学习两年，中文和日文就只要修一年。我当时是诗人嘛，不愿背诵，渴望创造。我在大二的时候看到一本《易经》的英文版，觉得挺感兴趣，就去选修中文一年级的课程，学了一年，也就是 1978 年。我们班有 13 个学生，老师对我们说，你们都不行，你们水平太差，都不要再学下去了。但是我当时还是坚持学中文。在大学毕业之后，我继续学习，我的硕士论文是关于近代女诗人吴藻（实为清代）诗词的研究。当时为了免费学习中文，并且拿到工资，我向中国教育部申请来中国当外籍教师。1985 年我在内蒙古包头师范学院当外教，也是他们学校的第一个外教。我原来的想法并不是做外教，而是想去北京的外文出版社工作。在美国的时候没有申请成功，就在来中国的第二年，我亲自去了北京，但是他们（指外文出版社）没有直接要我。我就参加考试，考试就是把《唐山大地震》这本书的第一章，中文版的翻译成英文，看看我的水平怎么样，好吧，我就翻译了。现在出版的这本书英文版用的就是我的翻译。好几年之后我才知道，啊！原来用

---

① 教育部人文社会科学研究一般规划基金项目，该科研基金项目全称为"江永女书实地调查与数字化保存传播研究"，项目编号：12YJA751043。

上了。（众笑）所以我在出版社工作了两年。1986年我在出版社工作时，从《中国日报》英文版看到关于女书的报道，我很感兴趣，本来我就对女性文学感兴趣。而且当时美国文学界对于中国妇女的诗词尤其是明清时期的江南诗词很有兴趣，我意识到这与女书之间的关系。我希望外文出版社让我发表一本英文版的女书，但是他们一直没有同意这个出版选题。我的想法是不要离开岗位，通过外文出版社出版一个很好的外文出版物。但是1988年，中国改革开放不久，结果就是说不通。好吧！第二个办法就是我辞职自己去研究。1988年的时候我请了一个月的假，不拿工资。当时的北京大学最早开始做妇女研究，我就和北京大学一个女性学研究小组一起去了江永，都是新认识的朋友。当时江永还不对外开放，我们就通过冷水滩去了永州，外事办给我们找到了永州妇联，妇联一直坚持送我们去，坐的吉普车。当时认识了江永的一些人，我们到了江永后，县委帮我们安排了住宿，在乡政府的一个招待所。我从江永回北京之后就决定非研究女书不可，就去外文出版社辞职了。出版社对我很好，让我可以提前两个月走，还可以使用合同里面回国的机票费用，不然我也没有钱去江永做研究了。于是当年的10月底，我来到永州，当时我太不懂事，我以为第一次到江永很顺利，尽管第一次来的时候，出版社不愿意帮我写推荐信，北京大学就没有那么挑剔，把我的名字写到了北京大学的介绍信里面。第二次来，我什么也没有，既没有单位，也没有推荐信。我这是美国的思维，我认为你们都认识我，你们都知道我是谁，还要一张纸干吗？哎呀！我真不了解。因为感冒，我带着大大的背包，耽误了一个星期。一开始县里不接收我，说你要不回到长沙，要不去北京。我完全不肯接受，最后终于找到了一个佩服我精神的官员。到了江永，我原来的想法是，在一个中学一边教书一边研究女书，这会为我研究女书提供一个很好的条件，最后没有实现。结果我就住在桐口，住在他们的老支书家里，住了半年。老支书有一个儿子，儿子有自己的房间，于是他就把儿子的房间空出来给我用。

骆老师：你当时想待多久？

史教授：就是想待上六个月，因为当时还有签证的问题和钱的问题，签证还有两个月的居留期，一月份跑了趟香港延长了三个月。

骆老师：《义年华自传》非常有意思，因为有细节，但是我就是不知道这个版本是怎么出来的。

史教授：《义年华自传》不仅是义年华的自传，不止一个版本，有好几个版本。因为女书是口头文学，版本就在脑子里不在纸上。这个文学价值不在纸上，而是她的内容。

骆老师：我对义年华非常有兴趣，还有就是谢志明的版本里面，有很多谜语，这些谜语是义年华抄写的，是怎么来的？

史教授：这些谜语我看都没有看。因为这些谜语是传统女书里面没有的，而是那些学者要求翻译过来的。可以理解，我们都是很崇拜文字的，凡是受过教育的人都有一种偏见，都觉得文字是最要紧的。我觉得那些谜语都是在那些学者的指导下写出来的，当时学者觉得资料越多越好，包括一些女歌。

骆老师：那《罗氏女》《王氏女》呢？

史教授：《罗氏女》是有的，《王氏女》也有。你看高银仙的女书作品里面有个用女书写的菜谱，这些都是在学者的指导下写出来的。哭嫁歌，也许是我自己的看法，是当地的习俗，是口头的不是书面的。女书严格意义上应该是书写。

骆老师：哭嫁歌有很大的比例，在谢志明的书里面有很多关于哭嫁歌的内容。好处在哪里呢？

史教授：我们知道了当地有哭嫁歌，还知道里面的内容，以前也许就是一个民间的民谣。通过女书写下来的，也给我们一个很大的方便。

骆老师：也就是说哭嫁歌是用民歌传下来，并不是用女书写的。谜语也是一样，并不是用女书写的，而是后来的研究者让一些老太太写出来的。

史教授：对！一开始那么多年，女书是不怎么用的。到了上个世纪80年代，有一批人突然让她们写女书，她们觉得很害怕。因为那时候"文革"

刚刚结束，她们不敢相信。后来就写了，她们也很乐意写的。

骆老师：所以就没有那么全的东西，你看某些教授编辑的女书那么多。

史教授：你看我们这么专心地做女书，也许对我们来说是神秘的。但是对他们来说都是普通的日常文化生活，并不神秘。

骆老师：你还去过其他的中国农村吗？

史教授：去过，1986年的时候，我有一个内蒙古的学生，带我去内蒙古的一个农村。内蒙古的农村很不一样，我对中国农村的了解主要靠我在江永的生活，其他的就通过看书。

骆老师：在今天看来，这种鉴别还是很重要，我看过一本书，1990年之前的版本还有一部分的文本是在学者的授意下写下来的。那你看柬帖是女书本身就有的吗？

史教授：是的。

骆老师：那结拜姊妹书是本来就有的？

史教授：这个问题我也研究过，其实当时人们都把结拜姊妹和结拜老同混在一起，其实是不一样的。按我所了解的，结拜老同指的是年轻的同龄女孩彼此立誓结拜，她们通过将女书写在扇子上来交流，而结拜姊妹是不同年龄的女孩结拜，她们也不会通过把女书写在扇子上。

唐老师：我们家那边都是说结拜姊妹，不说结拜姐妹。我们那边和江永的文化差不多。筷子说成快乐，因为吃饭是很快乐的事情。

黄老师：结拜老同是什么意思呢？

史教授：按照当时的想法嘛，孩子生下来以后，因为生活苦难，结拜老同就是一种互助的形式，以求彼此平安健康。

唐老师：文化不是几个人弄出来的，也不是搞同性恋搞出来的。不同的语境有不同的意思。

史教授：我完全支持你的说法。女书是不可以单独拿出来看的，而是在一定的场合、一定的语调中有不同的意思。她们不像我们现在看一本书就拿一本书在那里看，女书是口头文学，这个你们都知道，她们常常是唱的，唱到生动的时候就写出来讨论，这些书外的东西都是最深刻的。这对他们的文化交流是最重要的，我们可以通过女书知道一点点。当时我在那里看到义年华和周围的老人一起唱女书，唱一段然后就讨论，因为说的都是方言，我也听不懂。

骆老师：唱到很苦的时候她们会不会流眼泪？

史教授：会的。说到《义年华自传》的版本问题，她一直都不肯给我她的自传，她也许已经给了其他人，但是不肯给我，为什么呢？因为她怕我会登载在报纸上，上面写要政府提供帮助。她怕有什么后果，就一直不给。我就一再向她保证绝对不会，她才给了我。她去世二十年了，我一直没有拿出来。还有一个版本是说，三年之内，她三岁的儿子死了，第三年她丈夫死了。还有一个出生不到一个月的女儿又死了。自传中有一个地方就是说，她听到一个孩子喊妈妈的声音，她一下就想到了自己的孩子，后来才意识到是别人的孩子，她就会哭。她呢，和我这样外来的人解释她的自传也会有这样的反应，更不用说和姊妹在一起读到这个部分的时候，会有很多话说。

史教授：那你们到桐口的时候是住在哪里？（指刘静、杨侃湟）

杨侃湟：我们住在胡强志叔叔家，是自己走过去的。当时完全不知道，在山林里面迷路了，不知道要往哪里走。结果误打误撞走到了，一直走了大概一两个小时。虽然迷路，但是风景很美，所以也很享受。但是很可惜，当地已经没有人知道女书。

唐老师：是的，每年逢年过节的我们那里都是送扇子，上面的字我们都不认得。但那些都是大人之间的事情，要传递一个信息过来。它有一个神秘性在里面，包括我们那边说的话，外面的人都听不懂，我们也不会教外面的人说。

骆老师：你们家里还有这种扇子吗？

唐老师：没有，当年一把火烧掉了。

骆老师：你当年看的扇子，应该不是像现代女书书法家陈立新家里摆的那种很大的扇子吧?

唐老师:那不是,很小的。哪个把女书写在那个上面呢?我见过的,也不是写在折叠扇上面,是那种蒲扇上面。哪有写在折叠扇上的,没有那么讲究。

史教授:对不起,打断一下。你那把扇子是在哪里看到的?我没有听懂。

唐老师:就是自己家里。

史教授:我刚到的时候没有机会看到什么原件,后来就有机会看到,但是也不像现在女书扇子那么大。

(记录整理:骆静)

11. 访谈何跃娟

时　　　间:2019 年 9 月 10 日星期二
地　　　点:长沙市橙果酒店
被 采 访 人:何跃娟
采访撰稿人:骆晓戈

骆:请谈谈你怎么与女书结缘的?

何:我小的时候,在外婆家,常常跟着村子里的女孩子闹歌堂,在出嫁女家歌堂里就可以听到很多很多的女书歌唱。

骆:一般女子出嫁你唱 5 天吗?

何:唱 3 天,第一天你吹吹打打,吹鼓手进场,第二天你小歌堂,同一个村子的姑娘在一起吵吵闹闹。这三天也叫作"嘈屋",年纪小的也跟着一起去,没有一个男人,全是没有出嫁的女孩子。每家最少去一个,玩得好的去两三个,五六岁的女孩子就跟着去了,不要送什么人情,就是去那里陪新娘。

到我记事的时候,20 世纪六七十年代,大部分坐歌堂是十天半个月了。这十天半个月呢,做两件事情,一是帮新媳妇娘做"贺位"鞋,二是帮新娘子"哭嫁"坐歌堂。

鞋子你送男方家就你婆家的父母,要做好多双来,起码四双以上,送公公婆婆、爷爷奶奶,夫家的成员每人一双。做十多双鞋子是经常的事情。送亲的时候鞋子是挑箱抬起来红纸贴着,给人家观看的,所以还要看你的手工,要请众多姐妹帮忙做,手工好的女孩子更是要去帮忙,我做小女孩的时候就学会了纳鞋底。

第二件事情是大家在一起"坐歌堂"。我们小一点的就那里吵吵闹闹,唱唱说说。到20世纪的六七十年代坐歌堂也唱现代歌曲了,如革命歌曲,但是妈妈跟我们说,她们年轻那时候就是唱老歌。闹完小歌堂到了大歌堂,女性长辈都来哭别,这时不唱新歌,全部是唱老歌。

骆:那时候村子里叫唱女歌吗?

何:没有,就你坐下来就开始哼,人多了开始唱。

那时候我们村子里只要大家在门楼的门槛落座,竹宜奶奶就开了唱,即兴作诗,见人就唱,只要坐着有几个女人,大家就可以交流了,她们还你用这种就我们现在说的方言腔调说唱。

竹宜奶奶是我们村最会唱的一个人,是那种出口成章的人。

竹宜奶奶的娘家就在去千家峒的路上,她是峙西塘的人,那个地方很好的,出很多人才,竹宜奶奶出生在大户人家,是街上的。她的第一个老公被抓壮丁后,生死不明,娘家要她再嫁,第二次嫁到我们村,听说是被骗来的,男人有缺陷,根本配不上她,她常常用歌来倾诉。

她心里很郁闷,就用自己的歌来倾诉,只要遇到人,她就即兴作诗,然后唱出来。

骆:最经常唱的两句是什么?

何:"不见霜风树落叶,不见太阳晒进心。"声音很柔。我最喜欢听她唱歌。门楼,就是村子里大家聚集的一个地方,只要她坐在门楼,我们很多女孩子就围拢过来,你叫她唱歌,她立马就唱,那首《抽丁怨》,是从竹宜奶奶那里听来的。还有"1岁女……"那首《女子成长歌》,是我从小到大跟着我外婆唱会的。

骆：你外婆家也是大户人家？

何：是的，现在外婆的嫁妆还在，一整套的嫁妆，100多年了，都是雕龙绣凤的，我妈妈的也是干干净净，一尘不染，所以我说，这才是君子女呢。下次我带你去卢池珠家看看，80多岁的老人，家里、后院的菜园里面都搞得干干净净的，很讲究。我外婆在的时候就是这样教我们，要做个君子女，几岁了，你要做什么了，你看我6岁，我就会绩麻。

骆：你外婆家是做什么的？

何：跟广西那边做牛生意和米生意。我外婆属于那种很懂礼节的人，总是要我们读书，喜欢讲古今中外的故事，尤其爱跟我们讲中状元的故事。老太太跟我们讲对对联，印象最深。讲的是一个秀才考状元，考官出了上联：头戴帽帽绣龙人走龙动。下联如何对呢？

这个秀才正巧看见女孩子穿绣花鞋从他面前过，三寸金莲，袅袅娜娜的，他灵机一动，对了下联：脚穿鞋鞋绣凤人走凤飞。

我外婆讲这个故事给我们听，就是鼓励我们几姐弟读书，外婆总是说女孩子要勤劳，不要挑吃挑穿，要爱干净。

骆：你外婆家的祖上是从哪里迁徙来的？

何：我看了族谱，我们是从山东过来的，祖上是山东青州的，所以我讲这个女书还是汉文化。祖上是因为什么灾难，从山东逃到江永这边来了，那时这边叫蛮夷之地嘛。

外婆很漂亮，很讲究，以前都是用茶枯洗头嘛，每天梳头，还要用水摸得光光的。

跟我们村子里的竹宜奶奶一样，天天收拾得一丝不乱。竹宜奶奶也跟我们开玩笑，就比如说吃公共食堂的时候，他的儿子和那个生产队干部虐待她，她就唱：公共食堂本是好，只是那个维森扣口粮。很幽默，是不是，化解了苦难。她们老太太几个人在一起，常常你一句，我一句。我2012年那一次去，召集她们七八个，她们就你一句，我一句唱完一首歌。什么寡妇歌，12月水果歌就把江永12个月的水果都唱出来，唱歌不是光诉苦，她们一群人聚在一起才欢快，有苦诉苦，有乐找乐。老姐妹在一起就是开心。你看女书园，她们就唱不出来。村子里一直到改革开放有了电视，农村女性的娱乐都是聚在一起唱女歌。

骆：据说"文革"中女书被说成"妖字"。

何：村子里没有这个说法，可能县城里是，比如说那个周硕沂把女书写进县志，他提出来要研究的时候，确实是受到了打击，说是"封资修"的东西吧。

骆："文革"中村子里以前的古老的东西被破坏了吗？

何：那个时候，老东西被破坏了，但是民间你阻止不了，我们还是在照样唱，只是说没有那么明目张胆，没有那么突出，以前全是唱女歌，现在也掺杂一些革命歌曲，比如说就新娘子出嫁那天，就唱革命歌曲、毛主席语录歌。我60年代出生，我都送了好些新娘子，因为家里就我最大，只有我一个女孩子。

民俗是哪个规定的？你说不清，哪有那么多讲究？民间那时候又没有娱乐，没有业余生活，没电视，连书都很少找到。我就很走运，我们家有藏书，我爷爷是读书的，我爸爸也读书。我妈妈他们家也是读书人家。

骆：那你家藏的一些什么书？

何：我看过《粉妆楼》《手绢记》《三国》《水浒》《红楼梦》，我们娘家是下中农，我爸那时候是派出所所长嘛，所以说，从小我们都还是读了一些书的。

我小时候读书靠家中藏书，平时爱看书，那时候学校闹"文化革命"没有上课了。我很小的时候是在桃川长大的，所以桃川那个哭嫁歌我也会，我8岁过来允山同，允山这边的我也会一点。你看，我外婆家姑娘出嫁，我也去，我妈妈带着我，我记得总是唱：媳妇娘，媳妇娘，你哭了姐妹哭爷娘，哭了爷娘坐歌堂。所以家乡还是有这种民俗，只是桃川喜欢用官话。我们这边就用方言，调都差不多。

三、乡音·方言吟唱

（一）女书民谣

　　传统的女书文本是押韵的韵文，以五言、七言为主，便于吟唱。在今天我们看到的女书吟唱，除了女书文本之外，还包括江永女书流传地的民歌和哭嫁歌。如女出嫁要摆歌堂，吟唱哭嫁歌，这是 20 世纪当地的婚嫁习俗，但是哭嫁歌是否通过女书来记录并流传？

　　2013 年 10 月我们访谈了史凯姗博士。史凯姗是美国密歇根大学语言文学博士，是一位海外的女书研究者、汉学家，20 世纪 80 年代曾经在江永居住了半年。2013 年 10 月她为了核对江永女书的某些细节，从美国重返江永。史凯姗是这样描述的：到了 80 年代，突然有一批外地人让她们写女书，她们觉得很害怕。因为那时候"文革"刚刚结束，她们不敢相信女书真的可以大胆地写。后来她们被邀请到乡镇招待所写女书，她们是很乐意写的。史凯姗曾在当地居住半年，参加女子出嫁坐歌堂，她认为是"哭嫁歌"以前也许就是当地的民俗与民谣。后来研究者在这里发现女书，就让那些会写女书字也会唱哭嫁歌的老太太把口头说唱的哭嫁歌用女书记载下来了。

　　哭嫁歌以及当地民歌是当地妇女口头流传，并不一定是用女书写作或吟唱的。收录的女书汉译读本中的谜语也是一样，并不是用女书写的，而是后来的研究者们请女书传人用女书来记录的。根据史凯姗的实证研究，严格意义上的原生态女书文字作品是书面唱本，种类有贺三朝书、结交书、束帖、叙事诗文及祷神诗文等。

　　据江永县政协主席、女书研究专家刘忠华的研究，女歌是指女书作品相对固定的一种读唱方式，大致分为两类：一类是吟诵，多用于吟诵传统女书及自传；另一类实质上是当地民间小调，用当地方言演唱。

　　尽管如此，我们还是将在女书流传地收集的被当地称之为女书歌的录音整理出来，为女书流传地的习俗和当地妇女的口头文化作一个记录。下面的女书歌是课题组从 2013 年 7 月至 2018 年 12 月间走访村民时采集整理的。

1. 凤田村阳早珠唱《思夫歌》

唱词：

> 正月新年日好过，一家摇摇没点忧；
> 二月我夫得星数①，只是口中念心烦；
> 谁知骨头也知道，只是心中念忧忧；
> 三月我夫落阴火，春紧禾忙依哪个；
> 能黑入棺②分离别，一世不陪好夫妻；
> 四月人人尽劝我，安葬夫君静点心；
> 等吾安心静安身，指定和尚来念经；
> 五月起来朝朝哭，给夫上香愁断肠；
> 黑黑忙忙上六月，人人整水引③粮田；
> 人家有夫整水到，是我没夫早死禾；
> 刚刚踏上七月半，拨开忧言接夫归；
> 口曰接夫阳身在，好在房中一世陪；
> 十四送出公奶去，八月贵府请先生；
> 日拢六亲来商议，安葬夫君在左边；
> 九月重阳阴年到，夫死阴年转转深；
> 十月霜风树落叶，可怜我夫在山头；
> 十一月高山涝大雪，我夫山头受孤留；
> 十二月年终转转到，人家杀猪也过年；

① 星数：方言，得病。
② 能黑入棺：是指晚五点半到六点左右，老人过世了就是在这个时候入棺。
③ 引：方言，浇灌。

又想将身行归步，又惜老娘没依身；

亦想老娘冷成水，得日归先冷孤坟。①

大意：《思夫歌》从丈夫 3 月去世，到 12 月底，借用一年四季农事的变化，来描述自己处境的悲凉，以及对丈夫的思念。

2. 甘积头蒋娇娥唱《父亲死后我可怜》

唱词：

四边之人齐疼惜，疼惜我身修不全；

人修不全别路气，我修不全百路焦；

跨出大门起眼看，看见青天盖白云；

青天白云风吹散，我的愁眉吹不开；

燕子排来错投女，错投女人不值钱；

夜间思量尽心气，眼泪通到枕头透；

手住良床到天光，黄土盖身我也去；

脚踏暖头万事休……②

大意：回忆童年在娘家父亲早逝的悲惨时光。

赏析：这是一位农家老奶奶唱给我们听的，老人时而落泪，时而开怀大笑，让你感到她的歌唱来自生命，来自心灵。

3. 浩塘村蒋善喜唱《寡妇歌》

唱词：

正月新年日好过，一家摇摇没点忧；

二月我夫得星灾③，只是口中念心烦；

三月我夫落阴火，春紧禾忙倚哪个；

---

① 胡美月根据骆晓戈的录音翻译为汉语。

② 胡美月根据骆晓戈的录音翻译为汉语。

③ 星灾：方言，得病。

能黑入棺分离别，一世不陪好夫妻；

灯草惜油油惜火，少年夫妻个惜个；

四月人人来劝我，安葬夫君静点心；

设此有个娇儿子，点根线香送夫君；

五月起来朝朝哭，眼泪盖头不见天；

如今擦开眼泪水，看见粮田满垌青；

心中忙忙六月到，人家有夫整水田；

是我一人没夫在，田头尽尾早死禾；

已经到来七日半，拨开忧言接夫归。①

大意：倾诉个人身世不幸，丈夫去世后，一个女人忙里忙外的辛苦和凄凉的日子。

4. 浩塘村蒋善喜唱《行客歌》②

唱词：

正月逍遥好过日，两个不凭心不欢。

二月叶来百树发，陌上绿来正是香。

三月杨梅金色罩，邀伴到来同共欢。

四月春紧急忙做，邀妹收车做事情。

五月热天热炎炎，姊在高楼绣色全。

六月日长好过日，一对鸳鸯不成行。

七月一起学针线，不得凭拢做一针。

八月神堂做客到，我在高楼眼泪飘。

九月一起兴车纺，想着我身不愿动。

十月霜风树落叶，可怜两个不得欢。

---

① 胡美月根据骆晓戈的录音翻译为汉语。

② Moe.《蕾丝辞典》线上试读活动文化篇之行客歌［EB/OL］.（2011-11-23）. https：//site. douban. com/123347/widget/notes/4660378/note/186139004.

十一月天鹅从海上，不见妹娘在甚方。

十二月拢年尽竣事，再望来年亲不亲。

行客之间还常用信件表达彼此间的爱情，如一封信中这样写道：

前世有缘结好义，今世有缘觅好芳。

姑娘楼中如珠宝，塘里金丝鲤一条。

凤凰起身来邀伴，拍翅高飞一对啼。

飞到文楼同欢乐，飞到天边乐逍遥。

同在高楼好过日，两个结义恩爱深。

大意：《行客歌》表达了行客之间在十二个月里的想念、盼望以及团聚的欢乐、分离的痛苦。我们前世就有义结金兰的缘分，今世果然寻觅到好友芳侣。我们像凤凰一样相邀结伴，展翅高飞，双鸣双啼。我们飞到遥远的天边，在那里逍遥自在。我们飞进僻静的楼房，在那里相亲相爱，过着欢乐的时光。

5. 夏湾村胡美月唱《伴嫁歌》

唱词：

堂屋中间有条藤，藤子发花十二层；

爹娘养得金坨女，双吹双摆送上门；

哥哥送到天门口，嫂嫂送到十字街……

赏析：这是电影《雪花秘扇》的主题歌，是一首非常流行的女书伴嫁歌，文字是根据女书传人胡美月的唱词记录。唱词展现了江永潇水流域农家的清幽古朴意境，爬满青藤的房子，春天的花朵层层叠叠开放，在如花的年龄，女孩子却要告别爹娘，告别兄弟姐妹们……

6. 千家峒赵开新唱《挖山歌》等

唱词：

挖山歌

挖山挖，主家挖山种薯米。

多种薯米少种玉，栽了薯米玉米来。

挖地歌

挖地挖，主家挖地种油麻。

多种油麻少种豆，拍了油麻豆开花。

茶源歌

盘王置地种茶树，刘三姐妹绣茶园。

三寸茶叶二月栽，未成下海当作林。

赏析：瑶族歌手赵开新一边唱瑶歌一边表演劳动的场景。在看表演的当儿，胡强志跟我说，看到了吧，千家峒的是真正的瑶歌，不是女书歌。瑶歌自由，唱爱情，唱劳动，边劳动边唱歌；女书歌是女孩子们诉苦的，多半唱婚姻不自由。居住的自由，迁徙的自由，带来婚姻的自由和歌唱的自由，千家峒给了我们有别女书的活的样本。

7. 女书园胡欣唱《女子成长歌》[①]

唱词：

一岁女，手上珠，二岁女，裙脚拥；

三岁学行亦学走，四岁提筐入菜园；

五岁跟婆摘茶叶，六岁和姥养蚕蛹；

七岁拿篮绩细锭，八岁上车纺细纱；

九岁裁衣又学剪，十岁拿针不问人；

十一织罗又织锦，十二抛梭胜过人；

十三梳个髻分界，十四梳起髻乌云；

---

① 谢志民. 江永"女书"之谜 [M]. 郑州：河南人民出版社，1991.

十五正当爷者女，十六媒人拨不开；

十七接起郎茶信，十八亲爹打嫁妆；

十九台头簪贺位，二十上厅酬谢娘；

酬谢爷娘养大女，酬谢公姥养大孙。

赏析：这首《女子成长歌》生动形象地述说了农家女子从1岁到20岁的成长经历，呈现了在农耕田园中生活的女子是如何从小习得摘菜、采茶、养蚕、纺线、裁缝、针线、织布等技能的。如果说，我们仅仅知道在农耕文明中的劳动分工是男耕女织，那么，这首女书民谣就具体描述出了女子在这种劳动分工中的学习过程。《女子成长歌》还描述了从13岁分髻开始女子的梳妆打扮和婚嫁习俗，展现了生动的人物形象。

8. 河渊村何艳新唱《蒲塘春生》

唱词：

蒲塘春生半阴阳，十月二十四娶媳娘；

先娶一个欧阳女，后娶一个传四围；①

女家门前送上轿，赶紧忙忙抬到来；

千般没有我不气，只气一只立事鞋；②

先请舅娘也不要，后请师娘自己行；

跨下轿门跳三跳，扒开师娘跟乐官；

跟着月光进厅堂，不知哪间是她房；

福彦今年刚九岁，一对鞭炮送进房。③

赏析：这是原生态的江永本地民谣，何艳新小的时候跟着外婆村子的大人们唱，唱的不是欢乐是悲凉。

---

① 传四围：方言，意思是周围人认为不那么聪明的女子。
② 立事鞋：女人出嫁时给丈夫的鞋称为立事鞋，希望丈夫成就一方事业。
③ 根据访谈何艳新的录音整理，胡美月校对。

（二）谜语选编

江永女书中首先吸引我，而且久久不能忘怀的是这些农家妇女记录的民谣。比如《泡菜坛》，我曾经也写泡菜坛子，写女人绕线圈，以女性的日常琐事入诗，但是这一首关于泡菜坛子的诗歌却道出了一个农家女子情感世界的不同寻常的色彩。

1.《泡菜坛》

女书原文见附录一。

汉译：人不像人，鬼不像鬼，脖头上挑水。①

赏析：谜语的描写对象是泡菜坛子，如果一个人与泡菜坛子没有很亲近、很熟悉的关系，没有将坛子当成友人，又如何会将这个坛子说成人不像人、鬼不像鬼呢？只有世代长期定居在偏远山区，祖祖辈辈都与某一泡菜坛子相处的时候，人与身边的景物、与劳动中的对象才会发生这样的审美和移情作用，才会由此生发这样亲近的想象力。第二句更加传神，鬼不像鬼，的确，坛子一般放在厨房里，黑幽幽的，总是在暗处发出"咕嘟咕嘟"的声响，和传说中黑不溜秋的鬼的样子相近，可是它的大肚子里又装着一肚子的酸水。

湖南多山地，用泡菜坛子做腌菜，是家家户户妇女普遍的家务活。过去地处湘西南山区的山民吃盐不大方便，于是常常会腌制酸菜备用。到了蔬菜收获的季节，将吃不完的青菜用泡菜坛子腌起来，是每家每户妇女们最为忙碌的活计。每年的春季开始，天气一暖和，萝卜菜、青菜、排菜、白菜叶子长得快，可以将菜叶子做成酸菜，天一放晴的日子，家家就会将门板卸下来晒酸菜，连坛子里的泡菜都倒出来晒太阳。到了七八月间，长豆角出来了，紫茄子挂满枝头的时候，晒豆角、晒茄子、晒黄瓜，白天晒了一个太阳的蔬菜，到了晚上就浸泡到泡菜坛子里。

---

① 谢志民. 江永"女书"之谜 [M]. 郑州：河南人民出版社，1992：1068.

年复一年的劳作，劳动妇女们对于泡菜坛子有了一种亲近、拟人化的感觉了，她们会觉得，你们既然不是人，又不是鬼，怎么脖子上会挑水？这真是天真的发问，也展现出劳动妇女难能可贵的想象力，人类往往会在这种单纯的与广袤的大自然交往的过程中迸发出奇思妙想来。

2.《圆水缸》

女书原文见附录一。

汉译：簸箕大者穴，花针穿不过。①

赏析：簸箕、花针，都是妇女们日常生活中常用的劳动工具。有簸箕那么大的洞，一根绣花针却无法穿过它，体现了劳动妇女的创造力。

3.《蓑衣》

女书原文见附录一。

汉译：人亦不像人，鬼亦不像鬼，挂起壁上溜尸水。②

赏析：在田间劳作的生活与在城市的水泥楼群中的生活有着完全不同的生活情趣。在城市的水泥建筑群中讨生活，人与人之间、人与物之间经常处于一种购买关系，你有需求，你必须花钱购买：购买物质、购买娱乐或者购买劳动力。这种人与人、人与物的购买关系是十分冷漠和有隔膜的。我们往往从一些流行音乐中深深地感到人群在城市漂泊的冷漠和无奈。

而乡间生活则不一样，人们有了物质需求的时候，去耕耘、去播种，风里来雨里去，这样一来，人与田间劳作时穿戴的蓑衣之间建立一种相互信赖相互依存的亲密关系。在这种人与物的亲密关系中，人容易生发出"天人合一"的思考与想象，也便于在生活中造就人与大自然融为一体的审美情趣。

---

① 谢志民. 江永"女书"之谜 [M]. 郑州：河南人民出版社，1992：1069.
② 谢志民. 江永"女书"之谜 [M]. 郑州：河南人民出版社，1992：1094.

4. 《臭虫、虱子、跳蚤、蚊子》

女书原文见附录一。

汉译：大哥臭，细哥谋（有智谋），三哥飞得起，四哥吹得哨。①

赏析：城市人是很讨厌臭虫、虱子、跳蚤和蚊子这一类害虫的。记得有一首杀虫剂电视广告歌，唱词是这样的：我们是害虫，我们是害虫，杀死杀死杀死！成年人听到这些，觉得这里表达的是对害虫的愤慨。可是我们常常能发现，当孩子们唱着这些的时候，却是手舞足蹈，激情洋溢，几乎有一种与害虫为伍的认同感，脸上会有情不自禁流露的兴奋。儿童比成年人更接近大自然，就像乡下人比城市人更接近大自然一样，只有常年在田间劳作的人才会对这一类害虫称兄道弟，有着兄弟一般的感情。江永女书中的臭虫、虱子、跳蚤和蚊子这一类害虫，既然成了她们称兄道弟的对象，在她们的笔下当然变得像小精灵一样活灵活现，形象栩栩如生，十分可爱了。她们在田间的除虫劳动顿时变得如同与一群小精灵做游戏一般。

5. 《虹虎蛇》

女书原文见附录一。

汉译：高桥难过，白马难骑，花带难捆，锭篮难拿。②

赏析：谜语中对蛇的描写很多，笔者也曾经写过蛇，那是在描写知青经历的小说里，我们见到蛇甚至谈论蛇都是很害怕、很恐惧的心理。可是这些江永女书中对于蛇的描写表达的是怎样的一种感情呢——蛇呀，你是什么深渊都能蹚过去，只有高高的桥，你没有走过；你是怎样的树木都可以爬行，只有白马你骑不了；五彩的花带捆不住你，菜篮子里不好放下你啊。

这里是表达对蛇的声声赞美，还是声声叹息？总之，这种名为虹虎的

---

① 谢志民. 江永"女书"之谜 [M]. 郑州：河南人民出版社，1992：1059.
② 谢志民. 江永"女书"之谜 [M]. 郑州：河南人民出版社，1992：1060.

蛇，在江永女书作者的眼里不是十恶不赦的害虫，也不是大敌，而是在这个世界上有感情、有能耐、有个性甚至有点英雄气概的动物，是人类的邻居和朋友。

这样的形象，这样的语言，这样的想象力，只有在乡村的泥土中才能生长出来，而很难在水泥城市中被工厂的流水线生产与拷贝出来。这些江永女书中的民谣在谢志民先生主编的《江永"女书"之谜》中被分类为谚语，我认为称它为民谣更贴近它的民间艺术本质。

6.《蝙蝠》

女书原文见附录一。

汉译：天上飞婆奶奶飞下来，四脚落地是圆毛。①

赏析：蝙蝠被比喻为天上飞行的奶奶，这是一个慈祥美好的形象，然而落地在屋子的墙角，只见一团圆圆的毛。这种神奇的现象，在这样简洁的语言中被表达出来，朴实而充满动感。

7.《月亮》

女书原文见附录一。

汉译：春天不下种，四季不开花，一时结雪豆，一时结西瓜。②

赏析：月亮在古往今来的诗人的作品中是一个永恒的主题，我们再来看看江永女书中对月亮如何描写：问问古往今来的诗人，有谁敢于将月亮写成自己家门前的一株植物？

首先在这一首谜语中，发问者就有与月亮十分亲近的关系。你怎么可以这样向月亮提问呢？月亮为什么与你有那么亲近的关系呢？难道说月亮就是你家门前的一只狗，一只猫，一根藤，或者是你种的一棵树，你才能这样向月亮发问吗？

---

① 谢志民. 江永"女书"之谜 [M]. 郑州：河南人民出版社，1992：1081.
② 谢志民. 江永"女书"之谜 [M]. 郑州：河南人民出版社，1992：1056.

那是遥不可及的月亮呵！现在我们这些居住在水泥建筑群之中，凭借着电视台和气象台向我们报告天空中的云层和风向的人，对月亮是很难产生如此亲近之情的。月亮是从什么时候开始与江永的女人们有那么亲近的关系？怎么就会变成她们家门口的雪豆、西瓜一类的植物，可以由着她们发问：月亮，你开花结果了吗？

在这里，视觉形象转换透出了江永女书传人生活中的一种心境，也许由于重山的阻隔，她们常年生活在人迹罕至的大山深处，生活在江流汇合的环绕之中，才能产生这样类似人类童年的十分天真、十分淳朴的审美情绪。人间的纷争离她们很远很远，而月亮似乎离她们很近，近得就像家门口的一棵植物，所以她才天天看着它，才会想着该问它开没开花，结没结果，开什么样的花，结出来的是什么样的果实。月亮不是平常的植物，因为春天来了不需要播种，到了夏天开花的时节，不开花，有时弯弯的像一瓣豆角，有时又圆圆的像个西瓜。这首谚语更像一首民间的诗歌。月亮不是挂在天边的月亮，而是她家小院由她亲手种下的月亮，是她在她家菜地种的月亮，是她在她家门前小篱笆外种下的月亮。那么亲，那么近，是她天天看着看着就生长起来的月亮。所以她才有这样的问题产生，为什么你不需要下种，为什么不开花，为什么一会儿长成这样，一会儿又长成那样？她们没有因错综复杂的人际关系产生的烦恼和纠葛，才有这样与大自然近距离接触的生活体验。

8.《风》

女书原文见附录一。

汉译：高山翻竹尾，平地走江湖，将军抓不到、皇帝奈不何[①]。

赏析：赞美风就像赞美自己家的兄弟，风呀风，你在高高的山上翻动竹子的尾梢，你在平地游走于江湖浪尖，你有着将军抓不到，皇帝奈不何的神通广大的本领。没有比江永女书中对风的描写更为亲切的了，没有比

---

① 谢志民. 江永"女书"之谜 [M]. 郑州：河南人民出版社，1992：1057.

这样的比喻更朴质无华的了。我们的眼前出现的是一幅幅画面，在竹子翻动绿色波涛的时候，她们在田间劳动，或者在溪水边浣衣，风就是她们身边的兄弟。而当她们赞美风的时候，心中洋溢的又是怎样的一种自豪和自信呢？这时的女人简直就是伫立于天地之间的和大风称兄道弟的巨人，当她们赞美大风将军抓不到、皇帝奈不何的时候，其实也在赞美她们自己的顶天立地。

9.《布扣子》

女书原文见附录一。

汉译：你望我，我望你，望下望下，套起你。[①]

赏析：在这些劳动妇女的想象中，布扣子不仅有生命，而且有情感。她们穿针引线的时候，便产生了对布扣子的联想，觉得布扣子和自己怎么老是你望着我，我望着你。缝缝补补，针针线线之间，布扣子不仅仅成了她注视的对象，也是注视她的有生命的"凝望"。

10.《木偶戏》

女书原文见附录一。

汉译：白地起屋不要梁，堂兄胞弟不要娘，大官大府亦做过，海虾墨鱼不得尝。[②]

赏析：在这个江永谜语构成的世界中，日月星辰，花鸟鱼虫，甚至菜坛子、布扣子都是能够与她们对话的亲密无间的朋友，在这个远离皇权、社会人际关系显得比较轻松和宽容的乡村，人与大自然、与劳动对象的关系变得亲密，她们眼前那一针一线缝制的布袋人——小木偶似乎也被赋予了生命，你们这些小人儿，见过大官大府，却有没有尝过海虾墨鱼呢？这些发问，展现在我们面前的是一个个生动、可爱的形象，我们的眼前也仿

---

① 谢志民. 江永"女书"之谜［M］. 郑州：河南人民出版社，1992：1083.
② 谢志民. 江永"女书"之谜［M］. 郑州：河南人民出版社，1992：1085.

佛出现了她们的劳作情景。

11.《芋头》

女书原文见附录一。

汉译：二月社前去，八月社后归，手把清凉伞，子子孙孙引起归。①

赏析：你看看，《芋头》哪里像是在写芋头呢？字字句句都像在写一个小媳妇牵起一群孩子，手撑一把绣花伞，回娘家呢。

12.《桐油灯火》

女书原文见附录一。

汉译：一层楼，两层楼，三层楼上出日头。②

赏析：在读这首谜语的时候，我眼前浮现的是夜半三更，一个妇人在灯下缝补衣裳，小小的油灯带给她怎样的期盼呢？这里的"一层楼，两层楼，三层楼"不是用各种各样豪华灯具和电梯装备起来的城市大楼，城市人尽管享用这一切，却从来没有将这些灯具想象为太阳的激情与冲动。一盏小小的桐油灯，不仅仅被想象成太阳，而且被想象成一层一层的摩天大楼，这楼上出来的是太阳。神奇的想象将小油灯写得无比瑰丽，无比壮美……毫无疑问，想象中的桐油灯已经胜似人间的任何美景。那茫茫黑夜中闪动的红火苗，那温暖着漫长冬夜的小油灯，对于它的无限深情，是如何激发了江永女性——那些从来没有进过城，也从来没有见过高楼大厦的深山里的女人的想象的？短短的民谣，营造出的意象足够震撼我们的心灵。

13.《酸枣子》

女书原文见附录一。

---

① 谢志民. 江永"女书"之谜 [M]. 郑州：河南人民出版社，1992：1100.
② 谢志民. 江永"女书"之谜 [M]. 郑州：河南人民出版社，1992：1082.

汉译：黄缎子包肉油，包了肉油包骨头。①

赏析：这种独到的美的发现和创造性的美的表述是妇女写作的独特的生命体验表述。可以说，至今为止，我们的文字记载的文献并没有真正了解女人的创造力，没有了解真正的女人——在我了解江永女书之前。我们在经典文库的书卷中读到的女人，往往是被误读的、被规定的、被塑造的、被曲解的，她们的智慧和创造力都没有充分地展示出来。

14.《铁三脚架、灶台、火钳、吹火筒》

女书原文见附录一。

汉译：三兄弟，四弟兄，两夫妻，单身公。②

赏析：厨房的铁三脚架是三兄弟，灶房的灶台是四弟兄，火钳被描写为两夫妻，而吹火筒常常形单影只的，"单身公"的比喻比占多少篇幅的描写更传神。厨房里这些不登大雅之堂的劳动工具，整天灰头土脸的，没有人瞧得起，更没有什么文人雅士会用这些材料来赋诗。这些被使用过了，便被人扔到墙角的不起眼的物什，却是整天系着围裙围着灶台忙碌的农村妇女们最亲近的物体。当那些没有生命的铁三脚架、灶台、火钳、吹火筒都被赋予了生命的时候，我们可以想见，厨房里出现的是一场多么令人神往的热闹非凡的聚会，三兄弟来了，四弟兄也来了，两夫妻来了，单身汉也来了。这简直是灰姑娘要去赴约的盛大舞会一般。

15.《棉花》

女书原文见附录一。

汉译：先开金玉花，后结歪嘴桃，打开传天下，遍在世间人。③

赏析：这首《棉花》写得大气，农家女人并不缺少雄才大略，也不缺

---

① 谢志民. 江永"女书"之谜 [M]. 郑州：河南人民出版社，1992：1093.
② 谢志民. 江永"女书"之谜 [M]. 郑州：河南人民出版社，1992：1092.
③ 谢志民. 江永"女书"之谜 [M]. 郑州：河南人民出版社，1992：1095.

少政治抱负。看看她们——江永女书的作者们，尽管被局限在一个狭小的空间之中，一旦她们有了自由创作的机会和条件，她们就会在描述日常生活中的琐碎事物时，将主流社会中发生的事件与她们的日常琐事联系起来，她们赋予那些看上去极不起眼的琐碎事物一种极不寻常的眼光。

16.《三弦》

女书原文见附录一。

汉译：四四方方一只船，三条大路下古城，两个结拜三兄弟，身上带得五百兵①。

赏析：平日看上去不起眼的事物在她们的笔下变得光彩照人、活灵活现了。《三弦》中的遣词造句更是气势恢宏。这里描写的三弦不再是那些走村串户卖唱人手中普通的三弦了。

17.《剪刀》

女书原文见附录一。

汉译：谈古警，古警谈，后头野人入了房，样样不饮饮衣裳。②

赏析：这里描写的剪刀也不是妇道人家手中裁纸剪布的剪刀，在这些江永女书作品中你完全看不出女性甘居第二性的柔弱风姿。

前面那些女性意识较强的谜语，其中的遣词造句比如说"簸箕大者穴"，明明是来源于生活，可是常常又洋溢着书卷气息，让人感觉到这里的女性心理健康，她们身上具有像野花一样开放的蓬勃的生气。

江永女书流传地的谜语正像潇水流域的山花一样纯真、可爱而浪漫。

众所周知，在漫长的中国历史上，女人在男权制文化统治下，难以群体发声。更何况创造传承的江永女书是一种男人看不懂，仅仅在女人中传播的文字，这是一种怎样神奇的创造力？

---

① 谢志民. 江永"女书"之谜 [M]. 郑州：河南人民出版，1992：1070.
② 谢志民. 江永"女书"之谜 [M]. 郑州：河南人民出版社，1992：1071.

　　随着中国的现代社会转型和工业化社会到来，江永女书不可避免地面临着消亡的危机。然而它作为一种独特的妇女文化，作为妇女专有的记录文字，在中国历史上曾经有过妇女主体用它进行群体写作，在妇女文学事业正取得长足发展的当今，江永女书作为中国妇女写作的先驱之声，能否给中国本土妇女"言说"提供一些有益的历史经验和启示？

四、乡情·女书选编

（一）女书作品选编①

1. 永历皇帝过永明②（节选）

周焕女

自从盘古开天地，三皇五帝定乾坤，

改朝换代诚难免，难比日月不变迁。

遇起两朝争天下，人民总是不安然，

这里不讲其他事，只讲永历过永明，

永明原本是苦地，永历年间更可怜，

跨过新年正月节，皇帝带兵来到临。

五月又来南昌伯，再战永明县半边，

永历皇帝到龙虎③，县官李爷也走了。

全县于是无人管，富川④贼匪便来侵。

尤其甘棠与东坠⑤。贼匪到来罪冲天。

杀绝人家三百户，提了妇女几十人。

其中有个金氏女，配着丈夫周锡康，

成亲不到一年满，夫妻被贼捉到了，

贼匪几回要动手，动手要杀周锡康，

---

① 杨仁里，陈其光，周硕沂. 永明女书［M］. 长沙：岳麓书社，1995.
② 《永历皇帝过永明》是一首记事歌。作者周焕女，下界头村人，会唱女书。永历（1646—1683）是南明桂王年号。永明是江永旧称。
③ 龙虎：地名。
④ 富川：地名，现属广西。
⑤ 甘棠，东坠：都是地名。

金氏便乃高声哭，请求贼匪莫慌张，

假说锡康是老弟，如蒙不杀好商量。

2. 天开南门七姊妹① （节选）

高银仙

天开南门七姊妹，遇着凤凰往下飞。

拍翅叫啼声送远，结义长行久不休。

几对鸳鸯入过海，刘海戏蟾传万村。

孟女弹琴云下盖，长日念经坐佛堂。

好比湘子吹玉笛，远听逍遥好风光。

几个同行同耍乐，好比仙女下凡尘。

四边美侬好过日，像在仙境过时辰。

别样别般侬不气，只气好恩没日陪。

大家都是六七十，在世还有多少年？

若是年轻十七八，远水长流耍终身。

几个分开双流泪，难舍难离各自行。

大姊心中有忧虑，一子一孙单薄了。

细姊②房中无忧虑，三个娇儿孙又多。

三姊正是没忧虑，两个娇儿一朵花。

四姊也是无忧虑，孙子孙女满堂红。

3. 珠笔落文诗一首③ （节选）

高银仙

珠笔落文诗一首，奉到贵家拜龙门，

---

① 这是老年七姐妹结交书，歌颂结交后的乐趣。

② 细姊：二姐。

③ 这是妹妹祝贺姐姐结婚的三朝书。

看望连襟姊一位，身在绣房步步高。

母亲交全①金坨②女，一日之缘落贵家。

前日紧忙送出你，路中分离泪双流。

花轿如风到远府，看着望着渐渐开，

断黑③跑高停往望，不见姊娘在哪方。

转身入门冷成水，手拿什么做不成。

想起以前在楼上，几个团圆不见愁。

父母生下咱六个，三个哥爷三朵花④。

房中有个芳上嫂，对待爷娘很细心，

正是大家有缘分，嫂娘知情明理人。

正是我们知情理，父母好名传四方。

你我不该错变女，树上红梅无用人，

若是变作男儿子，大家就可不离开。

姊在人家忙忙过，而我泪流哭不消。

4. 泪流记书本⑤（节选）

泪流记书本，奉来晾三朝。

九月重阳到，风刮骇京城。

黄河黄水到，好芳二位完⑥。

为恩一双义，不该黑路行。

姑娘落他府，拆开三日完。

前朝你离我，我心已乱溶。

---

① 交全：为晚辈完婚。

② 金坨：用于形容子女，比喻高贵。

③ 断黑：黄昏。

④ 哥爷：哥哥。三朵花：三个女儿。

⑤ 这是送给老同的五言三朝书，作者姓名未详。老同，又称老庚，是同年出生结拜的女友。

⑥ 好芳：要好的女朋友。二位完：女友出嫁，意味着一同相处的日子结束。

我刚听传说，奉言会知心。

可怜我无路，五心气断肠。

问芳恨不恨，没陪就不欢。

想起往常俩，双双步不离。

结交三四载，同情又合心。

为我多愁哭，好恩没日陪。

是侬如水冷，千般做不齐。

时刻想起你，似乎在眼前。

三朝娘唤起，将身坐空楼。

可怜无相伴，你没在身边。

5. 女书之歌（节选）

胡慈珠①

锦绣文章达万千，不信世间有奇文。

新华女子②才学好，修书传出到如今。

手捧女书仔细看，字字行行写得清。

谁说女人无用处？路来③女子半边天。

因为封建不合理，世世代代受熬煎。

做官做府④没资格，学堂之内无女人。

封建女人缠小脚，出门远路不能行，

田地工夫不能做，害人一世实非轻。

再有一件更荒唐，男女本是不平均。

终身大事由父母，自己无权配婚姻。

多少红颜薄命死，多少终身血泪流。

---

① 胡慈珠：浦美村人，嫁葛覃村，善写女书，1977 年去世。
② 20 世纪 50 年代葛覃村有集市，并设乡，称新华乡。新华女子，指葛覃村胡慈珠等女子。
③ 路来：从来。
④ 做官做府：充任官吏。

女人过去受压迫，世间并无疼惜人。

只有女书做得好，一二从头写分明。

新华女子读女书，不为当官不为名。

6. 胡慈珠自诉（节选）

胡慈珠

慈珠写书折扇上，诉我可怜落扇中。

一气我爷已谢世，二气命中不如人，

三气前生没缘分，写在扇中传四边。

娘守空房隔天女①，守到如今不如人。

公嬷②只生爷一个，没有同胞伯叔爷。

养起我身无用处，娘守空房气入心。

若是女儿变作崽，养大娇儿有终身。

如今我身错变女，长大成人别娘恩。

年轻守节朝朝哭，透夜不眠泪双飘。

有田有地无人种，请人种田十分难。

看人有爷如珠宝，跟娘焦枯真可怜。

日夜哭得肝肠断，几时养大女儿身？

自思自想安心过，养大女儿才开心。

阿娘养我十二岁，不断阿娘也落阴。

7. 书本共言来恭贺③（节选）

书本共言来恭贺，请喜④高亲满堂红。

---

① 隔天女：遗腹女。

② 公嬷：爷爷奶奶。

③ 这是一封三朝书，作者是受信人的表妹，但姓名未详。三朝书是女子出嫁后的第三天，娘家女伴按传统礼节接她回娘家时送给她的贺信。

④ 请喜：敬贺。

外甥姊娘①听言说，妹嘛薄提不重恩。

看晬三朝多闹热，绣房高升几色全。

可怜分开冷冷哭，你嘛人家三日完。

侬②是阿娘③连襟④谊，外公子女有五人。

唯有舅爷⑤命运好，两个姨娘得一名。

只恨你们是可惜，父母落阴⑥真泪流。

幸有二娘⑦把当⑧事，交却⑨到他⑩少路愁。

解比一声外甥姊，亦要听言定点心。

难得伯叔知情理，有个哥哥来填名⑪。

姊要安心自想远，即是亲生一样形。

不要在心背起气⑫，世间命轻达万人。

就是劝声眼泪落，天下的人命百般。

也有家贫多闹热，也有富家没源流⑬。

只是得全侬丑命，妹亦十分好可怜。

---

① 外甥姊娘：表姐。对女性的称呼往往加"娘"字。
② 侬：我或我们。
③ 阿娘：母亲。
④ 连襟：同胞。不是姐妹丈夫之意的关系。
⑤ 舅爷：舅父。长辈男性的称呼都加"爷"字。
⑥ 落阴：落入阴曹，即去世。
⑦ 二娘：排行第二的姨娘。
⑧ 把当：主持。
⑨ 交却：为晚辈完婚。
⑩ 他：婆家。
⑪ 填名：继承。
⑫ 气：除生气外，常常是想念的意思。
⑬ 没源流：没有后人。

8. 给唐宝珍信①（节选）

胡慈珠

身坐房前透夜想，良久起心薄奉言，

把笔写书双流泪，急跨回家劝妹娘。

你夫落曹②几个月，未曾回程劝一声，

即使无心这样做，也是粗心不周全。

你夫死时不报我，几个月来不耐烦。

不怪妹娘疏远我，由崽作主你无权。

夫无家财分付③你，好不④无水不行船。

若有钱银交过你，父得名来子得声，

周围邻人都羡慕，手积金银交子身。

再提妹娘丢开我，你已回心照样陪，

刀割藕断丝不断，我们结交恩情深。

只怪姊娘运不称⑤，朝朝起来有难星，

旧年⑥七月就手痛，手痛半年不光辉⑦，

依礼应早来劝解，手不能写不成书。

今年月令又不利，五月初九得星数⑧，

身死黄泉一日满，昏迷一夜不知天⑨。

---

① 唐宝珍：夏湾人，初嫁白巡村，再嫁浦美村，是高银仙、胡慈珠的结拜妹妹，会读女书，但不
会写作。

② 落曹：落阴、落阴曹、落阴府，都是死亡的委婉语。

③ 分付：留给。

④ 好不：若是。

⑤ 运不称：命不好。

⑥ 旧年：去年。

⑦ 光辉：好。

⑧ 星数：不幸的遭遇、灾难。

⑨ 不知天：无知觉。

9. 玉莲观灯（节选）

义年华[1]

正月十五元宵节，白水玉莲去上街，

听闻街上好热闹，姊妹双双去观灯。

走到街上真欢喜，龙灯狮子都来了。

家家屋屋红灯挂，鼓乐喧天喜洋洋。

人山人海来观看，红男绿女挤不清。

看完花灯夜深了，四边[2]之人渐渐离。

天上月亮高高挂，玉莲姊妹也回家。

走出东门二三里，不觉过了玉田村。

过了玉田人稀少，前面就是牛头山。

姊妹二人忙忙走，一心过坎便回家。

谁知还未走过坎，路上撞着两个人。

来到面前不声响，不分皂白就拉人。

一个拉着妹娘走，一个就来拉玉莲。

玉莲跶高不肯走，又哭又喊又粗[3]人。

刚刚骂了三五句，路上又来一后生。

后生一见心大怒，救出玉莲去赶人。

---

① 义年华：1907 年生于上江圩镇棠下村，初嫁桐口村，后嫁白马村，1991 年去世。她写作女书的
水平很高，晚年患严重的哮喘病，每天仍坚持写作，留下很多作品。

② 四边：各地。

③ 粗：骂。

10. 收我真身到贵神①（节选）

义年华

楼中移正诗书砚，写信一张给贵神。

今年二月初一日，奉到远乡龙眼塘②，

惊动娘娘玉手接，敬请娘娘听我音。

我是出身姓何女，自小可怜没父亲。

娘守空房隔天女，年轻守节未分心。

上无伯来下无叔，娘守空房靠何人？

上无依来下无靠，养起我身无用人。

阿娘房中透夜哭，一个女儿气入心。

若是女儿变做崽，养大将来有终身。

如今我身错变女，长大成人嫁出门。

娘守女儿朝朝哭，透夜不眠泪双飘，

有田有地无人种，请人种田十分难。

别人有爷如珠宝，而我焦枯真可怜。

日夜哭得肝肠断，几时养大女儿身？

自思自想安心过，慢慢养大女儿身。

---

① 离上江圩不远的道县境内有座龙母寺，每年二月初一，周围的善男信女都来进香。本篇是义年
华替孤女何银色写的向龙母祈祷的祭文。

② 龙眼塘：龙母寺所在地地名。

11. 河边稚竹（节选）

阳焕宜①

河边稚竹绿茵茵，三岁孩儿不知天。

四岁孩儿跟叔吃，叔爷②早死傍哥边。

哥说把他送入寺③，嫂说让他放鸭崽。

去时有三双一只，归来数之只六头。

天上老鸹不本分④，衔起鸭崽上天飞。

大哥赶过三间屋，大嫂赶过七层篱。

大哥拿起芒头棍，大嫂拿根刺鲜条⑤，

打断芒头不要紧，刺条打得血四流。

戴只笠头⑥哭起出，哭到广西去读书。

读书三年得入学⑦，读书四年得做官。

做官三年任期满，写⑧起篷舫⑨归本乡。

三只鳞船⑩沿河上，中间一只绿鳞船。

背后狗崽汪汪吠，前面狗崽吠三声。

人人以为新官到，不断弟郎做官归。

凉伞转转厅门脚，竹篙撑旗⑪院中央。

请出大哥拜大拜，大哥砍竹不曾归。

---

① 阳焕宜：1909 年生于上江圩乡杨家村，初嫁新宅村，后嫁河渊村。住铜岭山农场，会写女书。虽多年中断，手发抖，仍积极为来访者写女书。2004 年去世。

② 叔爷：叔父。

③ 送入寺：把弟弟送到庙里去当和尚，以减轻抚养的负担。

④ 不本分：不老实，叼走了一只小鸭。

⑤ 刺鲜条：带刺儿的枝条。

⑥ 笠头：斗笠。

⑦ 入学：明清时童生经考试取录后入府、州、县学读书。

⑧ 写：租用。

⑨ 篷舫：有篷的大船。

⑩ 鳞船：画有鳞纹的大船。

⑪ 凉伞转转、竹篙撑旗：官员出行时的仪仗。

12. 罗氏女（节选）

义年华

自从盘古开天地，几朝天子造寿君。

几人有福登金殿，几人无福丧边疆；

几人夜宿红罗帐，几人无被到天光；

几人有饭无人吃，几人无米喝清汤；

几人无妻单身过，几人三女共一夫；

世上几人登百岁，几人落地顷刻亡。

西天取经唐三藏，木连地府去寻娘；

舍生取义玉仙记，丁兰刻木见亲娘；

湖边望夫肖氏女，墓里寻夫祝九娘①；

千里送衣孟姜女，贞心娘子去寻郎。

夫妻不说长短话，都是前生注定来。

孝顺多少说不尽，听唱秋胡罗氏娘。

秋胡祖代家豪富，鸟飞不过好田庄。

媒人说配罗氏女，天生一对好鸳鸯。

13. 农事歌

正月锣鼓响叮当，二月锄田种子姜；

三月清明下谷种，四月插田又蒔秧；

五月划船端阳节，六月捉蛙来熬汤；

七月挑骨炒绿豆，八月月亮透夜光；

九月重阳好过日，十月禾谷堆满仓；

十一月讨亲又嫁女，十二月年酒喷喷香。

---

① 祝九娘：祝英台。

14. 娇娘岂可让须眉

义年华

天上神仙七姊妹，上江圩乡七姊妹①；

青年结拜学女文，慈珠、西静、高银仙；

还有桐口义年华，月英、淑宜、唐宝珍；

我们说得女书字，做得文章千万行。

男儿有志在千里，娇娘岂可让须眉？

女字成就人间少，七姊妹名远传扬。

15. 十八岁女三岁郎

高银仙

十八岁女三岁郎，夜间洗脚抱上床；

睡到五更啜奶吃，我是寒妻不是娘；

我是看在公婆面，否则一脚踢下床；

三十六张年月纸②，张张指起李三郎；

李三生着齐眉癞，睡脏珍珠睡脏床；

睡脏珍珠下河洗，遇着一对姨伴娘；

伴娘设计对我说，叫我抱杀李三郎；

抱杀李三撂下井，撂入枯井人不知；

过了三天人找着，急忙吊起送上冈；

三亲六戚来笑我，婆婆一见就进房；

脚尖踢我达万下，银古③打我达万千；

一笔写信搭娘说，叫娘休望女回家；

① 七姊妹：指下文提到的胡慈珠、何西静、高银仙、义年华、卢月英、卢淑宜、唐宝珍。

② 年月纸：庚帖。

③ 银古：拳头。

二笔写信搭哥说，　叫哥备好妹嫁妆；

三笔写信搭嫂说，　叫嫂细心待爷娘；

四笔写信搭弟说，　叫弟早急①读文章；

五笔写信搭妹说，　叫妹楼中选好郎；

别像前头你姊样，　因为嫌夫上河床②；

河床如不能杀女，　五马分尸见阎王。

（二）胡美月抄写三朝书选编③

1. 高楼手取珠笔做

高楼手取珠笔做，　书本传文到贵家；

恭贺良门拜亲府，　连襟落他满堂红；

我是妹娘来看望，　姐娘落他满三朝；

同父生咱五姊妹，　两朵红花弟三名；

为姐长大知头路，　再复他乡不长情；

你边自从送出乡，　转步进门眼泪飘。

一更手取红灯火，　姐不团圆就做针；

二更冷愁多想哭，　孤独咱中无用人；

三更透想双流泪，　送冷驰楼闹热他；

四更半夜鸟投林，　梦中在想就姐娘；

五更人眠我不睡，　愈想愈悠眼又生；

六更可怜双飘哭，　我不老成问哪人；

七更鸡叫鸡拍翅，　手取穿衣眼泪垂；

八更想来女没用，　送冷驰楼闹热他；

---

① 早急：及早努力。

② 上河床：一种私刑，将人捆着沉到河里淹死。

③ 女书原文见附录三。

九更下床独自坐，取出梳妆眼泪垂；

十更下楼去洗面，没驰当教无依靠；

高亲紧忙留不住，工日如风转转到；

口曰他门宽慢步，容下来年点仔工；

如今忙忙送出姐，驰事交亲不比人；

得个名声父生养，弟郎小幼不知天；

自从送出连襟姐，时刻想着眼泪飘；

可怜父恩操心大，养大红花嫁出门；

将咱俩侉姐日子，相逢千行驰身轻；

两朵红花姐为大，也望日常长回家；

如今拆开各自住，姐在东时我在西；

又哭可怜无依靠，千般千行我不知；

念写三朝忙忙过，忙过望你早回家；

有你在楼把当做，相逢楼上好做针；

我呗无安全不静，手取千般做不拢；

不为取层哪一样，只想姐娘就身边；

真以前时同倍坐①，千般事行有倚身。

2. 几侉②商量做书本

几侉商量做书本，看望妹娘身落他；

结交为情好恩义，就曰一人拆散行；

才曰将言来看望，请起红门闹热多；

两侉远乡来结拜，合意陪恩没乱言；

---

① 真以前时同倍坐：和以前一样，从早到晚在一起。

② 几侉：几人。

被人不修给拆义，我有三人无路行；

问声妹娘乐不乐，时刻陪拢眼泪飘；

为你起头的好义，望日先离留惜心；

三朝奉言算点意，也是少礼上高门；

开天制出咱结义，立起念头要杀边①；

在劝一声妹娘听，停着独自不当阳；

就是可怜没爹在，哥也两位嫂一名；

娘守空房你三俅，有个花孙闹热摇；

送你出乡多为贵，千般如人胜枝高；

只有想开比远过，与是近来不分住；

我是高楼有委屈，父母在房急愁多；

同胞三俅连襟义，两位哥爷得一位；

只惜爹娘多苦尽，气得无安心乱容；

两位嫂娘相陪驰，跟着烦愁点不欢；

隔天②花孙也不陪，可怜连襟没源流③；

望起小哥嫂一位，实在伤心好可怜；

算日姑爷命中好，有个亲孙闹热摇；

同妹坐拢出得气，到底所知子俅情④；

咱们红花是无用，驰边欢盈半世收；

妹要听言你想着，我边依心你上头。

---

① 杀边：真心实意。

② 隔天：遗腹子。

③ 源流：后人。

④ 子俅情：指兄弟姐妹的情义。

3. 几侏坐拢心不静

几侏①坐拢心不静，才写书来相会身；

为我五侏冷楼惜，礼薄粗针配不全；

自以确交转回府②，脚跨入门没依谁；

有你在楼不见着③，手取千般就倍拢；

六侏结交你见理，多少事情你把当；

如今不倍将三日，眼泪双垂来会身；

你在楼前就显为④，几侏坐拢人惜人；

连送四人得好气，两侏坐拢就把当；

至今可怜无依靠，你又入门满三朝；

恭贺良门多闹热，胜枝红梅日日鲜；

好花不该摇百照⑤，刚好老成女日收；

看望姐娘落他府，步步高升胜过人；

前日一齐自悲泪，几侏想来好伤心；

样样不配全色过，全没乱言曰一声；

有你在楼多倚过，千般提声就商量；

如今可怜妹一位，放下楼中独自愁；

四侏先离尽不让，各有寒心难坐拢；

明明你身女儿了，没有笑眉疼惜声；

真是将来三朝满，才奉书来恭贺身；

几侏就言来看察，劝你一声慢静言；

已是可怜命注定，府门伤心奈不何；

---

① 侏：元时称供使唤的小厮，又指元杂剧中扮演童仆的角色。

② 转回府：回娘家。

③ 不见着：不焦急。

④ 显为：有作为。

⑤ 摇百照：意指出嫁。

先的结为对得住，又是命轻命薄人；

五俅坐拢知疼惜，齐有可怜知惜心；

明是先离没几载，时刻不安全不停；

同就坐拢出得气，口说做书眼泪落；

该不好恩站五人，我身明事父母在；

他也一名送出乡，先别拆开年几载；

时刻念声子俅情，只疼楼中无相伴；

没日记全解你忧，本是站位可怜尽；

世上命轻算一人，从小冤为隔天女；

哪知当真无份人，寡妇驰娘尽心疼；

望女成林交嘱身，谁知尽头女日了；

才得伯娘巧落阴，姐娘前生是福薄；

将到当清知世愁，可曰没爹义年是；

留归驰娘交嘱身，到底心中心好气；

并气拆开女日圆，如今东头落贵府；

你愿愁眉自静心，爹母落朝巧交嘱；

世间命轻多有人。

4. 楼前念想做书本

楼前念想做书本，看檫姐娘身落他；

恭贺贵家多热闹，花笛谣谣并没忧；

今将时来二月接，百树发芽正是青；

前日拆开同楼伴，时刻时时想不开；

来望高门请量大，姐娘早回三两日；

得曰团圆我安乐，小时倍拢人合人；

今此不由咱好日，只是念声眼泪飘；

说问一声疼不疼，妹呗在楼安不安；

居色咱齐叔众伯，对如亲生同父形；
两俫小时倍好大，并没乱言人曰人；
可是不由口中说，各自分安不团圆；
望姐在他要记念，妹呗日时在你边；
也气千般千行事，谁人尽心教嘱吾；
想着可怜咱错投，送冷驰楼闹热他；
我呗父驰①在世上，同胞五俫弟三名；
两朵红花是无用，姐呗出乡是难回；
同你坐拢不见愁，细说话声合商量；
居住在楼多闹热，一点名声见底钱；
三个弟郎不老成，父母为人尽操心；
也是气咱真没用，燕子拖泥须下力；
养得毛长各自飞，天上玉皇制错礼；
在驰高楼半世收，三朝不同姐一位；
可像几年几载春，堂中连襟细说尽；
几时转归同以前，致到高门姐传读；
两俫坐拢算会身，望姐念声要知着；
我呗时时记念你，可怜我身没依步；
脚跨上楼冷雪霜，眼看望来你没边；
拾起伤心好泪流，今日粗言到亲府；
敬请高亲放凉行，贵府知文多疼惜；
叫我姐娘早回家，两俫同倍就做针；
实在不由给拆伴，叫姐早回齐合欢；
千般事情有倚身。

---

① 父驰：爹娘。

5. 书本传文将三日

书本传文将三日，看瞧姐娘身落他。

眼泪双飘全不静，冷楼无安写信来。

可怜两侬冷楼坐，说问一声辞不辞，

为恩之时咱四侬，同中逍遥合做针，

谁知给来早拆义，愈想泪流哭不消，

旧年拆散一个义，再复今年到你愁，

算日结交齐有日，做得好针出四围，

才得被人来所嫁，时时刀割断心肠，

你便茫黑人家坐，两侬冷楼哭不消，

你要用心早回府，痛惜可亏守冷楼，

时刻只想起眼望，只看望来没在边，

自己送出姐娘去，眼泪双飘到三朝，

拆散几朝哭几日，手拿样榜做不扰，

过了不让隔疏义，只要安归五日时，

若是先离不念说，两侬冷楼本不依，

四侬结交好情义，为我年低不老成，

算说大家以楼上，几侬同伴教嘱身，

我迎同遥是五侬，三朵红花弟两名，

爹娘忧教没空日，姐娘在家教嘱我，

千般事情多依你，才我冷楼少哭着，

今此三朝不同坐，五更不眠全不安，

只气先离不纪念，我就可怜没依身，

不曰到他给放冷，要归良心要念朝，

我在提言书本上，你要人家起念朝，

想起你依楼中坐，朝夜不离两侬身，

咱是小时陪好大，全没乱言人说人，
姑孙虽为却不气，二呗结交几侎人，
千般事情没一二，时时身边步不离，
取做样榜合商议，确比连襟同爹娘，
我就连襟哥一个，只惜长春没扶栏，
去做事情才单薄，爹也年高年又来，
将身冤为错投女，跟驰身边无用人，
用心早日在同坐，时刻念声姐不闻，
实在可怜我一个，好比深山孤身形，
该不听书惜不惜，拆开不同三日天，
不日命轻在心想，世上泪流达万千。
一个回身来看瞧，妹坐人家不哭愁，
给我先前来比例，气死回生又何尝，
咱是可怜错投女，世压世间没奈何，
若是由咱几侎曰，大家娘楼不分住，
像我先全不合为，投驰优教没欢日，
可怜寒心就拢边，将身泪流按咱是，
望曰两人有长年。

6. 五心乱容全不静

五心乱容全不静，送出妹娘没日欢，
才就粗言来拜府，书本落文相会身，
取看愁书子侎义，接问到他三日圆，
你呗忙忙不见过，放上一位冷冷愁，
好不伤心真流泪，四侎团圆三人先，
结义好摇就欢乐，只算大齐①有日空，

---

① 大齐：大家。

谁知人来在拆义，哪样安心咱静言，
刚好两俫身回府，在气妹娘女日休，
只我可怜冷空坐，独自孤单无伴陪，
之下冷愁我一位，手拿千般做不拢，
你呗三俫不在楼，也气单围无相伴，
又疼小姐女日休，可日长情宽慢步，
到底在楼有一双，先送两俫没得静，
在气离开已咱是，放冷一人独自愁，
谁想便惊咱疼惜，就是依归也虑期，
书本共言来看察，两俫劝声妹静言，
不气没爹交全您，已是命中舍不长，
先呗大齐身苦女，给咱俩俫来比例，
舍命天休世不由，身死黄泉年一载，
放上冷楼妹一双，算日两位有长日，
不知回阳在有愁，起来忙忙在送义，
哪样知我不伤心，别样行言说不尽，
再说咱身错投花，被为皇上制错礼，
已投红花要离乡，今日粗文来奉上，
敬请高亲谅宽行，姐娘早回三两朝，
得在楼中齐做针。

7. 静坐楼中把笔提

静坐楼中把笔提，粗字两行到贵家，
恭贺良门多闹热，高点明灯满堂红，
今将时来冬天节，百物收完尽入仓，
正好同倍同对坐，就日给来拆散行，
前朝叔娘交全女，歌声摇摇送上轿，

花轿如风到远府，愈看梳开正正别，
转身入门起眼看。不见姑娘在哪方，
脚踏上楼冷雪霜，姐没在边眼泪垂，
想着在家同楼伴，时刻倍拢齐合欢，
如今姐别绣楼住，不知几时才回家，
没此他门长停下，不慌要亲停两年，
留得一年风吹过，留得两年练仔工，
自从送出姐过他，手拿千般做不成，
姐呗他乡绣房住，也是爹娘手上珠，
在与贵家好过日，尽想在家多闹热，
礼节正奉双亲到，相信爹娘得心欢，
咱是修来礼义女，楼中闺女二十载，
原本女是燕身样，养得毛长鸟自飞，
设此投着男儿子，在驰身边一世倍，
如今你身贵府住，可像几年几载春，
脚踏上楼无相伴。手取千般做不成，
正好同真莲花样，园中花开日日先，
被为他家给紧必，把我姐娘女日收，
叔众伯娘齐疼惜，妹娘年轻去就人，
同辈兄嫂真难舍。刚好成人去待他，
三朝行文几般说，姐在他乡要静言，
绣房安心尽平静，现出细口奉双亲，
不要愁心时记在，放长人姓待六亲，
不给他家人取笑，取笑年家无礼人，
在他不比绣楼坐，只是样般依礼行，
粗文奉到贵府上，敬请高亲多量宽，
叫我姐妹早回府，手拿花针有依身。

第二部分
江永女书·文本赏析

一、江永女书：中国妇女的群体写作

江永女书是 20 世纪 80 年代被外界发现的世界唯一现存的女性文字，仅仅流传于中国湖南江永的潇水流域。当我们引入女性主义理论研究中国江永女书现象与本土妇女生存状况时，必须"将妇女嵌入历史中"，注意妇女在什么环境和条件下能够发挥文化创造的主体性。首先，水源充沛、土地缺少和汉瑶杂居造就了妇女群体的写作空间。其次，女书作为当地女织、刺绣图案符号，女性学习女红是自给自足和男耕女织的经济生活方式的刚性需求。再次，汉族与瑶族等少数民族杂居，山高皇帝远，家国同构的社会结构、礼教与家族自治的管理模式影响较弱，区域乡土文化呈现支持妇女结拜姐妹、记录妇女心声、传承女性文字的特殊风俗。最后，也是最为重要的一点，江永女书是当地乡村妇女的群体写作，是一种"君子女"的身份认同。总之，江永女书为我们提供了中国妇女生存环境复杂多元的案例。

众所周知，在漫长的历史长河中，在男权制文化统治下，女性难以群体发声，更何况是流传并使用一种男人看不懂，仅仅在女人中传播的文字。然而在江永女书数字博物馆中，对江永女书是这样定义的："女书，最为直观的表现是女字，是世界上仅存的唯一的女性文字，因为仅在中国湖南省永州市江永县上江圩镇及其近邻的区域流传，因此，大家称之为'江永女书'。通俗地概括，江永女书是一种以当地土话发音、仅在妇女中传承和使用的特殊文字，称之为'妇女文字''女字''女书'。根据学者们的研究，女书是一种借源汉字，按照特殊的以方言为基础的构字方式形成的一种表音文字体系，约有 500~700 个原创字符。"①

目前能看到的最早的关于女书文字的记载是 1931 年 7 月上海和济印刷公司代印的《湖南各县调查笔记》（上册）。由于江永女书有"人死书焚"的习俗，大量的妇女自传文本随着老人去世焚烧了。在清朝末年至民国时期，江永当地的妇女写女书还很盛行，1949 年以后，随着妇女进学堂，女书风俗急骤消退。20 世纪 50 年代，江永文化馆的周硕沂先生对女书文字产生兴趣，曾经拜会女书的老人为师，学习女书文字，并向国家文字改革委员会写了报告。但是报告上交不久，周先生被打成了"右派"，研究也因此中断了。直到 20 世纪 80 年代的文学寻根热潮，武汉大学宫哲兵教授来江永寻找瑶族起源，意外发现当地妇女中流传的性别文字女书，并与周硕沂先生合作发表关于女书是一种奇特文字的报告。多家主流媒体的报道使江永女书被外界广泛知晓。

随着中国现代社会的转型和工业化社会的到来，江永女书不可避免地陷入乡土文化濒临消亡的危机。但江永女书作为一种独特的妇女文化，作为记录并专有的妇女文字，在中国历史上曾经有过妇女主体进行群体写作。在妇女事业正取得长足发展的今天，江永女书是否可以作为中国妇女写作的先驱之声？能否给中国本土妇女发展提供一些有益的历史经验和启示？

性别视角并非一个静态的简单化的概念。福柯在他的《性史》一书中指出，分析女性运用权力的程度，要基于其社会地位、地域和肩负的使命；亲属关系和家庭关系；个人修养、素质、技巧以及她在生命周期中的位置……采取三重动态分析，而不是对妇女的"压迫—反抗"静态二分模式，

---

① 江永女书博物馆. 女书概观［EB/OL］. http：//www. nvshu. org/index. php？ option＝com content _ task＝ yiew_ id＝74_ Itemid＝38.

对具体问题做具体分析，需要掌握包括男性和女性是如何生活的、他们如何看待自己的生活、占优势的意识形态是如何影响的等内容。

20 世纪上半叶，英国作家弗吉尼亚·伍尔夫在女性主义经典著作《一间自己的屋子》里写道，女性要有自己的一间屋子，要有独立的财产基础，这样她就可以摆脱男性的桎梏，享受独自思考写作的自由。

下文将从江永女书的写作空间、江永女性的写作需求、江永女书的社会支持、江永女书的"君子女"主体身份认同四个方面分析江永女书与中国劳动妇女的群体书写。

（一）水源充沛、土地缺少和汉瑶杂居造就妇女群体写作空间

江永县位于湖南省南部，东邻江华瑶族自治县，南毗广西富川瑶族自治县，西交广西恭城瑶族自治县，西北为广西灌阳县，东北与道县接壤。在这一片面积为 1629.15 平方公里的土地上居住着 17 个民族，2019 年末全县总人口 29.31 万，其中瑶族占 63.2%。这里大体为"六分半水三分半田土"，属于亚热带季风气候，四季分明，天气温和，"暑不烁骨，寒不侵肤"，光照充足，雨量充沛，无霜期长，少有积雪，宜于种养业。

据当地村民介绍，这里的地理环境"六分半水"是实，"三分半田土"其中只有半分田土，三分是山。历史上这里人烟稀少，自然资源丰富。男人们不论上山还是下水，一去都是一年半载的。村子里自然成了妇女们的"天下"，女人们有了属于自己的时间和空间。

我曾多次走访女书流传地——江永上江圩镇。这里的村庄青砖灰瓦，青石小道，淙淙小河，是坐落在大山腹地的江南水乡。祠堂，戏台，井坊，谷场……展示的无一不是农耕人家祖祖辈辈相传的习俗、信念与期望。与中原农村非常不一样的是女书流传地的农家几乎没有自家的院子，一栋栋的住房挨得很紧，巷子十分逼仄，两人相遇时需要侧身。当地人说，一是这里宅基地缺少，二是村落靠着大山，山中有老虎，住房紧挨是为了防范老虎等野兽进村伤人。

在江永女书流传的村落有一个或者两个祠堂和场院，作为全村男女老少的"客厅"，村里人家嫁女娶亲、婴儿百日、老人去世，各家都在这个全村人的公共场所办红白喜事。

江永的潇水流域是湘江和珠江的发源地，水网密布，造就这里的村落往往是四面环水的"岛"，或是伴着青石板、小巷、古井的小桥流水人家，农家几乎可以在家门口取水做饭，在村口溪边洗衣服。水源丰裕的同时，因为群山阻隔的相对封闭，与动辄要走数里路背水的劳动妇女相比，无疑为当地妇女赢得了闲暇时光和精力。

在传统中国的男尊女卑性别制度统治下，中国南部江永潇水流域由于地理自然条件优越，尤其是水源丰富和土地缺少，导致"从夫居"的村落不可能成为妇女"幽居"的空间，妇女不仅有时间写作，并享有歌堂、闺阁、地头、溪边、井坊等社会交往场所。

很明显，江永女书属于一种地域性的中国民间社会的乡村文化。女子出嫁摆歌堂和赠送女书"贺三朝"叙述妇女姊妹情义，这些习俗与江永"山高皇帝远"的独特地理环境和瑶族母系文化相关。当地瑶族有着女子"不落夫家"的习俗，出嫁前在村子的祠堂里操办"歌堂"。这里的祠堂既是父权的象征，也是女书传承的场所，生动展示了瑶族和汉族文化的纠缠情态。

据当地女书研究者何祥禄的调查手记，江永有门楼、祠堂等保存完好的古村落40个，我们查阅了21份族谱后发现，这些族谱的记载长达500年以上，世居20代以上。

何祥禄的调查手记记载着对已故女书传人后裔的调查说明，在女书流行地区，传统时期女性无论贫富，无论社会地位高低，都有机会进歌堂，四月初八"斗牛"（少女少妇聚会的节日），交友的同时学习女书；而男性一般是家境富裕，有一定经济实力才有机会进私塾读书。所以在江永女书流传地，会女书的女人比识汉字的男人多。按照何祥禄的田野调查，每一条小巷都有许多会"读纸读扇"（唱读女书）的妇女，而每个村庄不一定有识汉字的男人。因此当地有个说法，"女人比男人有文化"。

（二）自给自足、男耕女织的经济生活造就妇女群体写作需求

　　江永县周围，近处有因远古时期的舜帝南巡而闻名的九嶷山，临近的道县有南宋时期著名理学家周濂溪先生潜心研究儒学的故居。这里地处偏远，却又是儒学浸淫之处，同时这里还是历史上被称为"蛮夷"的南方少数民族文化的繁衍之地。得天独厚的地理位置使得这里远离皇权，也远离战乱、瘟疫和饥荒。这里的村庄动辄是历史上千年的古村落。都庞岭和萌诸岭以及其他大大小小的山脉形成一道道天然屏障。男耕女织，自给自足，这里形成了一种相对封闭、平静稳定的生活环境。我们查阅江永的历史记录发现，无论县志还是家谱，能够找到当地的男丁多少人，粮食亩产多少石/公斤，耕地多少亩/公顷，甚至耕牛多少头，亩产其他农作物多少担，但是对于形成农耕经济的另一半——女织，却少见文字记录。这是江永与中国其他地区的共同之处。然而，江永女书流传地的特殊之处在于，女性通过从小学习女书，能说唱的女人村村皆是。我们走访的老年妇女，几乎人人都能脱口而出一首歌谣——《女子成长歌》：

> 一岁女，手上珠；二岁女，裙脚拥；
>
> 三岁学行亦学走，四岁提筐入菜园；
>
> 五岁跟婆摘茶叶；六岁和姥养蚕蛹；
>
> 七岁拿篮绩细锭；八岁上车纺细纱；
>
> 九岁裁衣又学剪；十岁拿针不问人；
>
> 十一织罗又织锦；十二抛梭胜过人；
>
> 十三梳个髻分界，十四梳起髻乌云；
>
> 十五正当爷者女；十六媒人拨不开；
>
> 十七接起郎茶信；十八亲爹打嫁妆；
>
> 十九台头簪贺位；二十上厅酬谢娘；
>
> 酬谢爷娘养大女，酬谢公姥养大孙。[①]

---

① 谢志民．江永"女书"之谜［M］．郑州：河南人民出版社，1991：843-846．

《女子成长歌》生动展示了当地女子的风貌，展示了作为男耕女织农耕经济中的一半的织女，是怎样生活、怎样成长的。词句生动、简洁，是中国劳动妇女生活的生动写照，更是我们今天了解男耕女织农耕经济的极好叙事文本。将妇女嵌入历史，弥补中国历史记录中妇女的缺席，江永女书是难得的珍贵文本。对江永女书的研究，离不开当地的农耕人文背景，女书的写作者与传诵者都是当地的农家女。解读江永女书，了解女书在男耕女织经济中的重要地位，尤其是女织的重要性，是一个不可忽视的方面。

自给自足是当地农村主要的生活方式。在江永，我们走村串户访谈，女书传人几乎都提到家人不仅仅是女性，也包括父亲兄弟对自己童年学习女书的支持。首先，女书是当地妇女编织刺绣的图案符号，女孩子从小学女书，掌握的纺织刺绣的图案要多一些；其次，学习女书使女孩子多结交姐妹，在以后的纺纱织布劳动中有姐妹相伴不寂寞，可以互相交流技艺，共同促进情谊；最后，会女书在当地被看成是女子的才艺和智慧。

我们所见的女书作品中有衍生出编织刺绣的花样图案。"正好成行共针做，才给乌天盖满云。"① 由此可见，在自给自足基本没有商品交换的经济生活中，女织囊括了一家人的春夏秋冬、从头到脚的穿戴、铺盖，也涵盖了全家老小的温暖、美观、体面和尊严。对于一个家庭而言，丰衣与足食，男耕与女织，一样重要。

正如马克思主义的唯物辩证法所言，文艺起源于在劳动基础上的各种人类早期精神活动的合力。它们主要是原始思维及其特征、认知需求的满足和审美意识的萌芽。江永女书的产生同样是基于这样的起源。

女孩子从小学习女书，是当地男耕女织经济生活的重要内容。我们从女书的产生环境来研究，可以更清晰地了解到妇女发展、文化创造与经济基础的密切关系。

---

① 谢志民. 江永"女书"之谜 [M]. 郑州：河南人民出版社，1992：53.

（三）当地习俗和姐妹情义造就妇女群体写作社会支持

1. 当地习俗与女书

女书在潇水流域流传多年，历史的积淀使得女书的社会交往功能在当地习俗中得以运用。据调查，在 20 世纪 50 年代之前女书几乎伴随当地女子的一生：出生——结交姐妹；婚嫁——坐歌堂，赠送贺三朝书；去世——焚书。而在当地日常生活中女书也是习俗的一部分，下面是当地与女书相关的节日、民俗和宗教活动一览表。[①]

表 5　当地节日、民俗和宗教活动一览表

当地节日	民俗	宗教活动
正月，春节	嫁女，坐歌堂，不落夫家	庙会
二月，赶鸟节	赠送贺三朝书	道场焚书
四月八，斗牛节	结拜姐妹，代写传记书信	神台买书
五月初十，花山庙会	赠送巾帕，读纸，读扇	绣字求子，烧香焚纸
六月，吹凉节	唱读	
八月，中秋	交换鞋样、花带样	
十月，盘王节		十月，盘王节

2. 明清时期文化下移与当地民居

在一些对明末清初文人生存状况的研究中，我们不难看到明末清初甚至更为久远的朝代，家乡是"避世"的中国男性回归和隐居的栖息地。明末清初汉族男性不与清朝廷合作，纷纷回归家庭生活，使得家庭先前承担的公共职能更加强化，而乡村的宗族组织依靠这些功能，让家庭承担越来越多的公众职能。男性回到家乡寻求情感的慰藉，大大提升了女性接受文

---

① 骆晓戈，等. 潇水流域的江永女书［M］. 北京：九州出版社，2010：66.

化和文学教育的机会。

女书流传村落现存的明清民居仍然很多,呈现徽派建筑风格,这一类民居的每一扇门窗都精雕细琢,民居上的木刻和石雕都在昭示后人,家内领域被重构后,家庭(家族)包含了更多本该由社会来承担的文化传承功能。无论对社会还是对个人,由于家庭领域被重构,女性的"主内"传统位置也被赋予了新的文化含义。

明清文人向往女性文化创造,是时下中国文学批评界与女性主义文学批评的共识。在中国古代文论中有美学的"清浊"之分,在明清时期更是将"清"的美学推广到才女写作身上。直到今天,我们在湖南江永普美女书村的高银仙故居的青石板门匾上还能看见刻着"浩浩清风"四个大字。

(四)"君子女"和结拜姐妹:妇女群体写作的主体身份

1. 女书传人拥有"君子女"声誉

"女书本是姑娘做",在江永有祭奉送子观音娘娘的花山庙,更有种种关于女书起源的传说。荆田村有一座叫"御书楼"的古建筑,传说是为纪念造女字的才女胡玉秀所建;桐口村有一座鸣凤阁,是传说中的女书楼。受乡风民情的浸染,才女在当地人的心目中是值得仰慕的,才情成为当地人对女性人生价值的评判标准。江永女书自然传人有几位缠足女人,她们在成为"女君子"的过程中,被规训为男权文化下的"楼上女",留下缠足的身体印迹。

女书的使用,据老人回忆,在清朝时候还很流行,民国后开始减少,新中国成立后急剧消退。① 20 世纪 80 年代,江永女书自然传承人的民间结拜姐妹有高银仙、义年华等 7 位老人,她们仍然保持以女书书写方式来联络感情,交流信息。随着老人的去世,使用江永女书来结拜姐妹、传递信息的原生态形式不复存在。

---

① 杨仁里,陈其光,周硕沂.永明女书 [M].长沙:岳麓书社,1995:5.

　　旅居耶鲁大学的学者孙康宜在《从文学批评里的"经典化"看明清才女诗歌的经典化》一文中特意将中国明清才女写作与英国的维多利亚时期的女作家写作做比较。她发现英国的女性写作遭到英国男性的反对，以至于一些女作家用男性的笔名写作，不得暴露女性身份。在中国的文学史上，中国男性不仅不反对，相反，从来都是支持女性写作的，"明清文人在提拔女诗人方面所做的努力确实让人敬佩。他们为了促使女性作品成为'三不朽'的经典之作，不惜倾注大半生的精力，到处考古采辑，可谓用心良苦"①。

　　高银仙生活在 20 世纪（1902—1990），是 1949 年以后当地少有的闺阁中的教师，曾经以传授女书谋生。她以会女书、帮人写女书闻名乡里，不仅为她本人，也为她的婆家赢得极高的社会声誉。

2. 女书传递姐妹情义

　　女书最为典型的作品是"贺三朝书"。"结拜的姊妹，情同亲姐妹，往来频繁，直到终生。姐妹家中有喜事，结婚、生孩子、生日等都要写女书去庆贺；如果有不幸的遭遇，老人去世、丧夫、儿女夭亡或丈夫当兵不归等，也要写女书去劝慰。这种女书可以自己送去也可以托人带，但是只能托给妇女，不能托给男子。姊妹结拜后，也有感情破裂的，破裂以后也就互相谴责，措辞往往很激烈。"②

　　据当地妇女口述，女孩子在童年时期结拜七姐妹，几乎都是模仿汉文化《天仙配》的民间故事。结拜姊妹学女书，既能让女孩子学习生产技能——女红，又是女孩子进行社交的途径。女书是祭祀女神（生育和祛病之神）的宗教活动必备的书写和说唱媒介，唱女书、读女书更是女子出嫁必须举办的仪式（坐歌堂），女书贯穿于女性一生的重大事件之中。因此在江永，学习女书是当地的农家习俗，由此形成了一种独特的地域文化。

①　孙康宜. 耶鲁·性别与文化 [M]. 上海：上海文艺出版社，2000：211.
②　杨仁里，陈其光，周硕沂. 永明女书 [M]. 长沙：岳麓书社，1995：4.

3. 独特的妇女传播群体

从江永女书作品的传承方式来看，目前我们能够收集到的江永女书文本几乎都是可以吟诵和说唱的话本。江永女书的传承方式有三类：第一类私密性强，存在于亲密交往的女书结拜姊妹或者母女间，这一类作品一般是吟诵而不是高声歌唱。第二类是半公开的，例如姊妹的结交书、贺三朝书等书信，不出现在完全公开场合，但是在家族的人情交往、红白喜事中使用。第三类用于公开场合，例如女性出嫁的坐歌堂、哭嫁歌、读扇等，这一类的特点是适合高声歌唱，强调的是曲调，易学，适合人群合唱。所以我们不难看出，传播方式女性私密性愈强的愈是能代表女书精神，女书不是用高声歌唱，而是私下交流的窃窃私语的文本。而私密性最强的是当地女性的女书自传。

因此，征集、整理与汇编江永女书传人生平资料，包括江永潇水流域女书世家的家谱史料，如自传、族谱家谱、县志等各类对江永女书传人的记录，了解江永女书传人的生平及其有关的经济、宗教、文化交流活动的具体情况与背景材料等，力争对历史上江永女书传人有更客观、更全面的准确描述十分重要，有助于修复江永女书原生态的本土记忆，了解在传统文化背景下中国独特的女性写作与传播的内容、形式和环境。

江永女子学女书是得到当地男性的支持和赞同的，甚至可以说得到了男性的欣赏。高银仙等女书传人多是缠足女人，一方面她们在接受儒家女性教育的同时被规训，是男权文化的"被看"者、受害者；另一方面她们又是女书文字的写作者、传承者。江永女书既受少数民族文化中的母权文化影响，同时也受到明清时期文化下移民间，寻常百姓也以家有才女为荣的社会影响。

以学习江永女书为纽带，结拜姊妹的组织形式恰恰与高彦颐《闺塾师》中所描述的类似，属于明清强大的家族人伦与"家居式"结社，在说说唱唱中交流情感，学习诗歌，也交流纺织刺绣技能。女书传人高银仙收集的女书中写道："上山数芒十八叶，下山数芒十八双，选起长者起高楼，选起短者起书房，起起高楼姊做事，起起书房弟读书，姊者绣得千张纸，弟者读得万样书……"① 义年华的结交姊妹书中也是这样写道："你嘛楼上君子女，书家出身礼义人。"② 这些正是明清时期文化下移民间女性写作的记录。

从女书典型文本"贺三朝书"的内容来看，有反复咏叹姐妹情义的，例如"海枯石烂不变心"，"雪豆木家子，藤长根亦深，围墙着根须，根深近千年"③；有描写女子的身体的，例如"百香修于女，百花镶藕莲"，在女书文本中都成了女子结拜姐妹的相互赞美和女子之间情义的咏叹。

女书通常书写着这样三个主题：一是结拜的姐妹"散还是不散"，她们质问为什么男子结拜的"哥们"可以终身不散，而女子一旦出嫁姐妹也不大往来了；二是自己娘家是"离还是不离"，男儿可以赡养父母，女儿怎么不能？三是女子长大成人了，包办婚姻的"嫁还是不嫁"，如女书中写道"十分可怜真难舍，花轿如风到贵门"。妇女群体独特的写作题材与主题正是她们作为写作群体主体身份的表达。

如何解读传统农耕文明下的传统中国的妇女经验与妇女史？究竟以一种怎样的分析框架能够使我们更加接近对农耕文明背景下的中国妇女经验的言说和表述？

在江永这样山高皇帝远的中国南方山区，不仅有着中国农村父权制社会家国同构、男外女内、公私不分的共性；同时由于这里远离皇权，家庭担负众多的社会功能，给妇女参与公共事务留下弹性空间。从江永女书文本分析来看，其中既有妇女诉苦的内容，也有劳动妇女的欢乐；既有封建伦理、贤妻良母、长幼名分、勤俭持家、邻里互助的道德说教，也充满着女强男弱的民间文学色彩、大团圆的结局和乐观的团结互助精神。

"明清时期社会性别体系的弹性，不是建立在压制女性的约束力上。而

---

① 谢志民. 江永"女书"之谜 [M]. 郑州：河南人民出版社，1991：1003.
② 赵丽明. 中国女书集成：一种奇特的女性文字资料总汇 [M]. 北京：清华大学出版社，1992：410.
③ 谢志民. 江永"女书"之谜 [M]. 郑州：河南人民出版社，1991：476.

恰恰相反——它为表达的多样性留下了机会。但不管在事后认识中它们的约束怎样，受教育的女性都抓住了这些机会，以作为个人满足和更大社会性别平等的手段。"① 正是在这种社会大背景下，在江永这个山高皇帝远的瑶汉杂居地区，皇权已经不那么威严。人们出于生产和生活的需求，男性鼓励女子学女书，女子也以会女书为荣，加上这里特殊的地理环境和居住环境，江永女书借助"结拜姐妹"这种民间草根妇女群体写作得以传承。

正是在天人合一的理想框架之下，江永女性有了言说和写作的可能；正是通过江永女书的书写和传承，形成了高扬姐妹情义的群体；也正是女书在乡土生活中的经济价值和实用价值，赢得了合理与公开的生存发展空间，从而无形中颠覆了儒家乡土宗法社会的"男主女从"性别身份及社会等级关系。

① 高彦颐. 闺塾师：明末清初江南的才女文化 [M]. 李志生，译. 南京：江苏人民出版社，2005：309.

二、江永女书的汉语言文学价值

中国文学历来有民间采风的传统，作为文学经典的《诗经》就是主要采集了西周初年至春秋中叶的民间诗歌，由此编订而成。据目前已有研究发现，女书的全盛时期为清末民初，写作流传于中国南部山区——江永县潇水流域，写作的主体是中国的乡村妇女群体，她们用独特的性别文字记录当地方言话本。江永女书是一种中国湖南民间妇女的群体诗歌书写，是适合民间妇女口头传诵吟唱的集体写作。

江永女书除了字体的独特，传承方式也很独特，既是女性单一性别文字，也是在汉语言中唯一记录方言的文字，加上有着人死书焚的习俗，做江永女书的语言文学研究有一定难度。20 世纪 80 年代文学寻根的热潮涌动，江永本土以及武汉和北京的大学教授对江永女书做了抢救性的系统记录。现在我们能够读到的一些江永女书与汉语言对译的专著，如谢志民的《江永"女书"之谜》（上、中、下三卷本），河南人民出版社 1991 年版，含原作、国际音标和汉文对译，一共近 140 万字；赵丽明主编的《中国女书集成——一种奇特的女性文字资料总汇》，清华大学出版社 1992 年版，含原作、国际音标和汉文对译，一共近 150 万字；杨仁里、陈其光、周硕沂编译的《永明女书》，岳麓书社 1995 年版，含原作、国际音标和汉文对译，一共近 10 万字；宫哲兵、唐功晖编著的《女书通》，湖北教育出版社 2007 年版。他们将江永女书分门别类，注释国际音标，并作了女书与汉语的对译，为我们进行江永女书的中国汉语言文学价值研究扫除了阅读上的障碍。

本文依据马克思主义唯物论和女性主义理论，以田野调查与文本解读相结合的研究方法分析江永女书的汉语言文学价值。主要参考文献是谢志民编撰的《江永"女书"之谜》（上、中、下三卷本），将江永女书原作文本分为十类：书信（贺三朝书）、抒情诗、叙事诗、柬帖、哭嫁歌、歌谣、儿歌、唱本、谜语、祷神诗。也引用了赵丽明主编的，由清华大学出版社于 1992 年出版的《中国女书集成》。

（一）江永女书：独特的语言与意象

通俗地概括，江永女书是一种记录当地方言发音、仅在妇女中传承和使用的特殊文字，当地妇女以其形状称呼其为"蚊形字""长脚字"，随着20 世纪 80 年代学界的关注，以及主流媒体争相报道，外界开始称之为"妇女文字""女字""女书"。"1986 年，中央电视台摄制播出的专题报道片《奇特的女书》在海外许多国家播出，无形中'女书'就成了这种文字的学名。"① 根据学者们的研究，女书是一种借源汉字，按照特殊的以方言为基础的构字方式形成的表音文字体系，约有 500~700 个原创字符。②

湖南师范大学文学院语言学教授彭润泽曾经这样描述江永女书在湖南方言中的特殊地位，他说全国有十大方言区，湖南占有五大方言，而江永在湖南方言中的地位又是非常特殊的。湖南的江永，一个县域内方言的声调各不相同，县城有 7 个声调，桃川普遍 4 个，上江圩普遍 5 个。所以江永的方言，就像山区的梯田一样分布。江永是汉语方言的自然博物馆，拥有中国境内唯一有独立的文字的汉语方言。

1. 采自古汉语书面语言

（1）"台" 〔〕③

"台"，常常出现在江永女书的书信往来中，发音为"yě"，是给知己姐妹书信中"我"的称谓。而"台"（tái）在《新华词典》中的解释是"敬辞，旧时用于称呼对方或跟对方有关的动作：兄台，台鉴，台启"。

在江永女书中常常有这样的用法："设此度做男儿子，几个同陪不拆

---

① 刘颖. "女书习俗"的内涵及其"口头性"考［J］. 日本常民文化纪要，平成二十九年三月第三十二期.
② 江永女书博物馆. 女书概观［EB/OL］. http：//www. nvshu. org/index. php？option=com content _ t&sa= view_ id=7k_ 4temid=38.
③ 全文女书文字图片采自在线女书字典。

开。姊嘛忙忙人家过，是台时时哭不消。"这里表述的是对于男女不平等的不满，为什么男人的同伴和好友可以不拆开，而我们姊妹要被人拆开呢？姐呀，你整天忙忙碌碌是在别人的家中度日，而我时时刻刻的哭泣何时才是尽头呢？还有"哥哥嫌台煮饭生，述说可怜台焦枯"（《贺三朝书》），译成白话便是哥哥"嫌我饭没有煮熟，说来真是可怜我这般憔悴"，形容女子憔悴用"焦枯"，也是十分生动形象的，这里的"台"是"我"的意思。这种旧时的敬辞往往出现在男性的书面交往中，比如"某某长官台鉴"，而江永女书中凡是向对方倾诉都将自己称之为"台"。

类似的还有："台是姊娘冷成水，见得有愁心不欢。"意思是我的姐娘冷成水了，是见到忧愁心不欢。"解比一言算点意，台会知心崽个人。"意思是理解你的一些言语算一点意思，我如何不是你的知心？哪里还算一个人？

德国诗人歌德就曾指出："人们只能认识自己所爱的，爱或激情越强烈越充沛，认识就越深刻越完整。"[1] 在江永女书的叙述文本中自尊自爱与被人尊重、被人关爱成为最基本的表述方式，女子之间的称谓完全像男子兄弟之间的尊称。将"台"这种旧时男子之间相互交往的敬辞顺手拿来，体现了妇女在书写江永女书的时候一种强烈的自我意识和群体意识，她们通过书信往来，证明妇女不是男人的附属，妇女同样拥有尊严，拥有同情心，拥有结交朋友知己的权利。

（2）"交" ⚡

"若是有缘不拆席，四个逍遥海乐深，谁知可怜你先别，拆散船中落深湖，打散桥桩有人架，分开合心到底难，好花转回开满树，好义结交要长行，陪到如今年深久，没句乱言个曰个，放下三人怎心服，痛想泪流并不安，明色就言来看暸，小是少礼上高门，薄礼点心不成意，亦取名声崽个情。"[2]（《贺三朝书》）

---

① 刘小枫. 舍勒选集：下 [M]. 上海：上海三联书店，1999：776.
② 赵丽明. 中国女书集成：一种奇特的女性文字资料总汇 [M]. 北京：清华大学出版社，1992：49-50.

　　这些女书里充满一种妇女的姐妹情谊，在中国传统文学中，这种情感的表述和描写是十分罕见的。我们不仅在以《诗经》为代表的儒家文化作品中难得见到这种对于妇女之间姐妹情谊的颂扬，甚至在民间文化中也是不多见的。"拆散船中落深湖，打散桥桩有人架，分开合心到底难，好花转回开满树，好义结交要长行"，作者一连用了好几个比喻来表述姐妹的结交情谊，与男权为中心的文化所表述的女性对男性的依恋形成鲜明的对照。

　　（3）"跽"

　　"将身灯头跽"，"跽"在《现代汉语词典》中的解释为："（书）双膝着地，上身挺直。"这个"跽"在女书流传地的方言中是"站着"的意思。在女书的《贺三朝书》中用得很多，例如"三位没爷请命轻，死了一个阴朝跽""一阵天鹅寻海上，拍翅飞高要腾云，落下湖南江边跽，远看四边妒见侬"而在"不修黑路行，将身灯头跽"（《贺三朝书》）中，这个"跽"① 翻出了新意。这两句的意思译成白话文便是，我们姐妹不修黑茫茫的前程，将自己站立的身体当成灯来照明。"不修黑路行，将身灯头跽"，女人将自己的身体当成灯，不盲从，拒绝寄人篱下，这是从苦难中发出的妇女的心声，也是多年来期盼站起来的女人发出的心声。

2. 采自日常生活用语

　　（1）"崽个情"

　　"崽个情"是女书中使用频率较高的一个词，比如："崽个为恩情义重，不比口行一转休"；"实在伤心好可怜，到底所知崽个情"；"奉到他乡来传达，取看念声崽个情"（《贺三朝书》）。

　　在湖南方言中，"崽个情"中间还可以加一个"的"，"崽的个情"。"崽的个情"的意思是"根本没有""哪里会有""哪里是"的意思，是一种虚拟语气。"崽个情"加重了否定的程度，深到可以发誓的程度，类似这

---

① 赵丽明. 中国女书集成：一种奇特的女性文字资料总汇［M］. 北京，清华大学出版社，1992：87.

样的方言还有：你还不相信，我"崽的个"骗你，我骗了你是你的崽，"崽个"是虚词，表语气，并非有些书中编撰者注释的"兄弟姐妹"的意思。我们再来看看"崽个为恩情义重，不比口行一转休"，意思是"（我）哪里是因为情义重，还比不上被人休了的好啊"，表明自己的婚姻并不是人家所期望的"恩情义重"。"实在伤心好可怜，到底所知崽个情"这一句比较容易明白：实实在在的境况是好可怜，说到底哪里有什么情呢？而"奉到他乡来传达，取看念声崽个情"，表述的是奉命到了他乡，并不是因为什么爱情。

在湖南方言中，类似的还有"我崽就怕他""我崽就骗了你""我崽呀，下好大的雨！"这里的"崽"完全不是"儿子"的意思了，是一个感叹词。"崽"这个词为什么会从实词变成虚词了呢？我们不妨看看其伦理上的含义。"我骗了你，我就是你的崽。"这说明做别人的崽，对此人是一种惩罚，是一种人格上的降级。"崽个情"，自己降为他人的崽都不能承认，来说明这种事情根本不存在。我们还可以读读下面的女书："薄礼点心不成意，亦取名声崽个情。"后一句可译成：为了获得名声哪里有什么情。还有《贺三朝书》中描写的女子新婚后回娘家住满了三朝，返回婆家时的心情："二个不陪三朝满，唯妹伤心哭不完，侬没几多的崽个，同父所生四个人，只气侬身女无用，养得老成别父恩。"这里的"侬没几多的崽个"，实际意思是到了婆家，离开了家中的兄弟姐妹如何过活呢？"崽个"是"哪样过，怎么过得下去"的意思。

湖南妇女在表达感情的时候，往往为了表达情感的浓烈，会有"我的崽，我的个崽崽呀"将崽字叠加的用法。

（2）"刚刚事情知针线"

"刚刚事情知针线，就给伤心拆个完。""千样事情有姐当。""到底坐齐有商议，手口万般有商量。"读着这些文本，女性作为文学的主体性便呈现在我们面前。一件事情刚刚露出端倪，被比喻为刚刚裁剪的衣服缝了一针一线，事情败露了，被暗喻为"拆"完了，而且是被伤心拆的。"知针线"和"拆个完"这些文学部件创造的背后，凸显了在妇女创造的文学空间里，"千样事情"不是男人说了算，而是女人自己作主，自己当家。

（3）"焦枯"

"再述我们焦枯女，从细（小）焦枯没爷在。""就笔修书来相会，借问姊娘焦不焦。""得曰团圆不见焦。"（《贺三朝书》）这些文本中用"焦"字来形容心情。从小没有父亲的女子的苦情，用了"焦枯"来形容，显得十分直观、生动、形象："焦"，有焦黄、烧焦的意思，很直观，田里的庄稼遇上干旱，一片焦黄，是人人都能明白的苦情；"枯"，更有干枯、枯黄、枯萎的意思。这两个词叠用，将女子内心和外在的痛苦状况展现得十分淋漓尽致，这里从文学理论上来说，有一个视觉转移，将人隐喻为了植物，然后用植物临近枯萎来比喻人的生存状况。

民间说唱文学往往叙事与抒情交织在一起，有着浓厚的生活气息，也有着浓厚的幻想成分，像流传甚广的《小白菜》正是用"叶叶黄"来象征孤儿的憔悴形象。为什么要将女子的苦情与植物的枯焦类比呢？我以为还有更深一层的意思。它表达了女书的创作者，将自己的生命与大自然的植物融为一体的一种认同。据民俗专家林河先生的考证，在湖南的民间有一种花树崇拜，"人们认为，花就是人的灵魂。而花魂是由花林女神掌管着的。""屈原《九歌·礼魂》所礼的魂，实际上就是花魂，所以歌中有'传芭兮代舞'的唱词。""广东广西普遍有祭祀'花王父母'的习惯，《广东新语·花王父母条》记载：'越人祈子，必于花王父母……'。"① 在长期的农耕生活中，人们产生这种对花的崇拜，并进而引发出对植物生长茂盛的期盼是十分自然的事情。在"天人合一"的中国传统文化影响下，妇女们将自身的苦情和不幸说成"焦枯"，正说明女书既是她们个体生命的苦情倾诉，同时也是她们在参与社会生产劳动的过程中对于文学创作独特的生命体验和发现。

（4）"鱼死河边眼不闭"

女书中，将从娘家返回夫家时那种对姐妹和家人的依依不舍比喻为"鱼死河边眼不闭"，将少女离开父母远嫁他乡比喻为"铲火离开待别

---

① 林河. 古傩寻踪［M］. 长沙：湖南美术出版社，1997.

人"——煤炭刚刚烧着，寓意着女子长大成人可以温暖家人，但马上就被
铁铲铲走，比喻贴切，又极为生动形象。

（二）江永女书：独特的民间文学体裁

女书无疑专属于女性，它是妇女创造、妇女使用、描写妇女生活的特
殊文字。同时，女书具备中国民间文学的口头传播和群体创作的基本特征，
除了是唯一的性别文字，还是唯一记录方言的文字。女书作品几乎全部是
诗歌式文体，其中七言体占绝大多数，少数是五言体和七言杂五言体。女
书从几页到几十页厚薄不等，纸型多用黄草纸或薄型毛边纸。女书全部是
手抄本，手工装订，不易脱落。女书中另有一类"精装本"叫"贺三朝
书"，"贺三朝书"都是青色布制的封面和封底，封面的四角有红色剪纸或
红布包角，其间夹杂有彩色丝线缝绣的各种图案，内芯多为宣纸，每页四
角都贴有红纸剪成的花样。"贺三朝书"一般作为礼品相互赠送，所以才制
作得如此精美。据女书传人何静华说，一般姊妹结交书的封面色彩更鲜艳
一些，但做工没有"贺三朝书"讲究。

1. 结交书："君子女"们的姐妹情义

在江永，妇女有结拜姊妹的习俗。家中生了女儿后，母亲会为女儿找
同年出生的女孩子，情投意合的，一般就结拜为姐妹了。也有是自己认识
的，两个姑娘结识后关系融洽，彼此中意，也可结拜为姊妹。

结拜姊妹是很郑重的，其中一位首先写一封结交信，送给对方，对方
如果同意，就写封回信，并邀请她到自己的家中住几天。

"我自心红自欢乐，难承姊娘真有心；接下慢详读几道，听得心欢心自
红。"[1] 结交书的开场白交代自己有心，而且对方的姊妹也有心，两人红心，
心心相印。

"句句轻言本有理，合意姊娘邀结交，天仙配成咱两个，难得你身是不

---

[1] 谢志民. 江永"女书"之谜 [M]. 郑州：河南人民出版社，1991：458.

嫌？你到低门住几日，台又粗心倚过了，自从分开如水浪，难舍难离别你身。"① 尽管结交书写了一句又一句，两人的情意还是没有表达完。自喻为天仙配成咱们两个，更难得的是你不嫌弃我家比你家贫寒，门槛更低，你到我家住了几日，我是个粗心的人，没有好好招待，自从送别你之后，对你的思念难舍难离。

"我就千行难比你，望曰量宽请不嫌……听你来言命贱薄，台亦恨声好哭愁。"② 交往的姊妹往往自谦说自己的品行配不上对方，还望对方谅解，听你说自己的命贱，也勾起我的怨恨，以哭消愁。在这篇结交书中回忆自己在娘家是两姊妹，结婚后也有连襟两个相处很好，说完自己家的情况，说对方家中有父母，有兄嫂，最后还是忍不住诉说自己都是"些伤心"，"又想将身辞人世，又怜在家者爷娘，就到如今不出运，只是愁眉真入心。"③

在结拜姊妹中，也有情感最深的一类，她们同吃同住，形影不离，被称为"行客"，意思是经常相互走访的客人。光绪《永明县志》讲到桃川一带女子的风俗时说："此风桃川尤甚，其母亦为女计消遣，访他家之女年貌相若者，使其女结为内交。"与江永临近的道县也有类似的情况，称为"结客"。1994 年出版的《道县志》记载："清末至民国时期，农村未婚女子有结拜姊妹的习俗。多为富家闺女，豆蔻年华，情窦初开，因不满旧式包办婚姻，又不敢自由恋爱，对异性存畏惧心理，遂同性相恋，结为姊妹……常同室同居，早晚相伴，俨如夫妻，甚至相约不嫁……抗战胜利后，此风渐息。""行客"也好，"结客"也罢，从姐妹结交往来的女书不难看出，结拜姊妹间交往甚密，有的甚至超越了姐妹间的感情而成为同性恋者。这种感情自然不能对异性倾吐，于是，女书就成了结拜姊妹间主要的交往媒介。武汉大学女书研究专家宫哲兵教授认为江永结拜姊妹之间的情义，孕育生

① 谢志民. 江永"女书"之谜 [M]. 郑州：河南人民出版社，1991：459-460.
② 谢志民. 江永"女书"之谜 [M]. 郑州：河南人民出版社，1991：460-461.
③ 谢志民. 江永"女书"之谜 [M]. 郑州：河南人民出版社，1991：472.

长出了女书文化。

在江永县、道县的老年人中间，尚流传着不少"行客"的故事。譬如清末民初的江永，一"行客"要出嫁，其结拜姊妹悲痛欲绝，新娘上花轿之前，她的"行客"用针线将新娘的内衣与内裤缝在一起，并用花带子把姑娘的身体捆得严严实实，目的是阻止新娘与新郎接触。婚后三天，新娘回娘家长住，她的"行客"要严格检查新娘的花带和内衣是否被解开，如果被解开了，那就意味着新娘与新郎有了亲昵的行为，"行客"就会视其对自己爱情不忠，狠狠打新娘一顿。有的新娘为了忠于"行客"，新婚之夜拒绝与新郎做爱，争执不过，就会选择极端的方式，造成流血事件。此类事件惊动了官府，贴出布告严禁，以杜绝此风的蔓延。女书《面前狗吠有客来》，记录的就是"行客"间的对话，反映出了"行客"间强烈的嫉妒之情。

> 饮了饭，抹了台，面前狗吠有客来。
>
> 我到门前看一看，看见我姊到我家。
>
> 左手接起姊者伞，右手接起姊者糕。
>
> 厅屋有条红漆凳，给台洗手斟茶来。
>
> 饮了一杯不开口，饮了两杯不作声。
>
> 还是我娘待错你，还是二人话不明。
>
> 不是你娘待错我，不是二人话不明。
>
> 只是他家不修心，八月十五来求亲。
>
> 他家求亲求得忙，拆散一对好鸳鸯。
>
> 不要紧，不要忙，买对蜡烛去求福。
>
> 我去求福求得准，保起他家死一屋。
>
> 大大细细都死了，给我二人行得长。①

嫉妒到咒别人死去，发生流血事件也就不足为奇了。再看这首《行客歌》：

---

① 谢志民. 江永"女书"之谜［M］. 郑州：河南人民出版社，1991：1041-1045.

正月逍遥好过日，两个不凭心不欢。

二月叶来百树发，陌上绿来正是香。

三月杨梅金色罩，邀伴来到同共欢。

四月春紧急忙做，邀妹收车做事情。

五月热天热炎炎，姊在高楼绣色全。

六月日长好过日，一对鸳鸯不成行。

七月一起学针线，不得凭拢做一针。

八月神堂做客到，我在高楼眼泪飘。

九月一起兴车纺，想着我身不愿动。

十月霜风树落叶，可怜两个不得欢。

十一月天鹅从海上，不见妹娘在甚方。

十二月拢年尽竣事，再望来年亲不亲。①

　　这首女书表达的是行客之间那种难以割舍的感情，一年十二个月里，想念的苦楚、团聚的欢乐、分离的痛苦尽在其中，简直比男女之间的爱恋还要缠绵。

贵府贤闺女……高山画眉形；

梳头如水亮，行堂像观音，

葫芦出折扇，贵风我爱凭；

老同真相同，回书放实言

百香修于女，百花镶藕莲，

雪豆木家子，藤长根亦深；

围墙着根须，根深近千年。②

天开南门七姊妹，遇着凤凰去下飞；

---

① 宫哲兵讲女书［EB/OL］. http：//blog. sina. com. cn/s/blog_ 63_ 101_ 1311h8d3. html，2130
　　-15-16.

② 谢志民. 江永"女书"之谜［M］. 郑州：河南人民出版社，1991：474-476.

拍翅叫啼声送远，结义长行久不休。

几对鸳鸯入过海，刘海戏蟾传万春。

孟女弹琴云下盖，长日念经坐佛堂。①

——高银仙 天开南门七姊妹（节选）

这些语句我们并不陌生，但是我们在汉语的文本中少见女性这样欣赏同性，少见女性之间这样至亲至爱的誓言。打开江永女书，目录页上，黑体字一排一排，全是胡慈珠给唐宝珍书，义年华复高银仙书，姊妹相邀结交书，对相交姐妹出嫁后的贺三朝书……

江永女书中对姊妹情的反复咏叹，与文学史的经典文本中对女性之间姊妹情义描写的缺失，形成强烈、鲜明的反差，令人久久不能忘怀。

2. 贺三朝书：对包办婚姻的抗争与倾诉

"设此度做男儿子，几个陪同不拆开。"② "女是可比燕鸟样，身好毛长各自飞，只怨朝廷制错礼，世杀不由跟礼当，在他难比高楼坐，只是样般依礼行。"③ "只怨玉皇制口礼，理上不该别姐行。"（《贺三朝书》）

从江永女书中反复说唱的内容来分析，可以感受到女性一种生存焦虑不安的状态，这种焦虑集中在如下三个反复出现的话题：一是嫁还是不嫁？女子成人了，如"十分可怜真难舍，花轿如风到贵门"，嫁还是不嫁？二是归还是不归？出嫁女回娘家后，住了些日子该回夫家了，如"起看望来流珠哭，转身入门冷雪霜"，归还是不归？三是关于女性结拜的姐妹之间散还是不散？"送冷姐楼闹热他，刚好老成不在家"，因为婚嫁要远离他乡，一块长大的姐妹，散还是不散？

康正果在《风骚与艳情》④ 一书中，将中国古代文学中的妇女形象分为

---

① 谢志民. 江永"女书"之谜 [M]. 郑州：河南人民出版社，1991：485–486.

② 赵丽明. 中国女书集成：一种奇特的女性文字资料总汇. 北京：清华大学出版社，1992：51.

③ 赵丽明. 中国女书集成：一种奇特的女性文字资料总汇. 北京：清华大学出版社，1992：52.

④ 康正果. 风骚与艳情 [M]. 上海：上海文艺出版社，2001.

两大类，一类是思妇，一类是怨妇。思妇，指对那些丈夫或情人在外，身居闺阁中的妇人的塑造和描写；怨妇，往往是指文学作品中对被遗弃的妇人的描写和塑造。即便是唐代像薛涛、鱼玄机这样的女才子，她们的写作也无法冲破男权文化中心的桎梏，比如常常被引用的鱼玄机为妇女鸣不平的诗句，"云峰满目放春晴，历历银钩指下生。自恨罗衣掩诗句，举头空羡榜中名"（鱼玄机《游崇真观南楼睹新及第题名处》）。这里的不平是觉得妇女有才华，却因为性别局限不得去京城考状元；这里的哀伤，仍然是一种哀而不怒的抱怨。而女书的妇女形象既不是思妇，也不是怨妇，她们感叹的是"朝廷制错了礼"。他们将妇女的苦难归结为社会制度所造成，她们的锋芒却直接指向在当时历史环境中给妇女带来不幸的最本质的问题。女书作为妇女写作冲破了男权文化的局限。正因为这种气度和境界，她们将妇女之间的姐妹情谊看得十分重要。

3. 自传：记录女性的人生

在江永女书中，有一类作品是当地女书传人写的自传及其他女性请女书传人代写的自传。这类自传流传甚少，多数已失传。赵丽明主编的《中国女书集成》中收集了36篇江永女书自传，其中有一篇这样写道："丈夫出乡如书院，我在堂前奉双亲。三餐茶水多端正，孝顺父母尽我心。"年轻媳妇尽心侍奉公婆，却并未换来婆婆的认可，反被冤枉偷吃鸡蛋。无奈之下，她只能通过伤害自身的方式（咬土三口咒我身）来证明自己的清白。作品细腻地描绘了她悲伤愤恨的情绪："自想自叹伤心哭，几夜天光愁断肠。又想房中自缢死……"但因为有年幼的女儿，所以她不能自缢，也不忍离去，只好"等夫回家说分明"。这篇作品用语质朴，但惟妙惟肖地刻画出女主人公媳妇受到公公婆婆委屈后复杂矛盾的心情，在叙事和心理描写方面取得了较高成就。

河边紫竹绿莹莹

河边紫竹绿莹莹，三岁男人不知天。

四岁男人和叔饮，叔已死倒分哥边。

哥者得来送进寺，嫂者得来养鸭族。

去时数次三双只，归来数次得六头。

天上鹰母不本分，衔起鸭子绕天飞。

大哥赶到三间屋，大嫂赶到七层楼。

大哥打断芒头棍，大嫂打断素鲜留……①

这首女书唱词是一位女子哭诉自己的包办婚姻，嫁给一个只有三岁的丈夫。三岁的丈夫不知什么是拜天地，四岁时丈夫还要和叔（父亲）饮食，父亲去世，小丈夫就跟着哥哥嫂子过日子……在这种唱和中，妇女们容易对特定的"苦情"环境产生共鸣，从而产生一种彼此理解、彼此温暖的姐妹情谊。从起调的悲情，丈夫只有三岁……唱着唱着，心怀竟然渐渐开阔，当唱到她所见到的丈夫赶湖鸭子的情形，"大哥赶到三间屋，大嫂赶到七层层楼"的时候，调子已经变得明朗，甚至有点喜剧色彩了。

（三）江永女书：独特的文学特征

1. 从熟悉的日常食物中取材

将江永女书中的比兴修辞手法与传统中国文学的诗词做一个比较，我们便不难发现它独特的艺术魅力和特色。

"越离越疏亲父母，铲火离开待别人。""明色回程心不静，鱼死河边眼不闭。""冷楼孤鸟样，可如雪上霜。""可比船沉底，水深难转回，可怜哭多朝，就给日落岭。""枉为是好恩，五个完四个，伤心哪愁，霜天十一月，百般叶落完，想来全不静。""身似青藤干枯树，黑云底下过时光。""台就连襟哥一个，只恨长春没扶篱。""可怜粗针取出色，紧逼忙忙事不

---

① 谢志民. 江永"女书"之谜 [M]. 郑州：河南人民出版社，1991：623-625.

清；三日不眠如水浪，息个为恩亦无缘。"这些女书歌谣中比喻生动，信手拈来，身边景，眼前事，就像是从这些农家女门前摘来的瓜果和菜蔬一样鲜活。

女书即使摆到一些千古传诵的诗词名作面前，仍然不乏鲜活的个性，仍然不能淹没它独特的风采，它的比兴手法的运用体现了劳动妇女独到的创造。在女书的歌谣里，女性是创造的主体而不仅仅作为被描写的对象而存在。她们的人生体验就在她们的劳动之中融合着，因此她们的唱词也就融合在劳作之中了。

"别人求我山中水，我求别人六月风。""同人绣花两分天，几时过得人世间？"① 江永女书在表现方法上与中国古代诗词很不一样。她们将离开父母，远嫁他乡比喻为"铲火离开待别人"，煤炭刚刚烧着可以温暖家人就被铁铲铲走了；她们将从娘家返回夫家的那种内心依依不舍的情感比喻为"鱼死河边眼不闭"；她们用"青藤""沉船""落日""针线""水浪""山中水""六月风"这些大自然的事物和日常农家生活的事件入诗入词，展现在我们面前的女性的情怀和胸襟是广阔和丰富的，同时也是质朴无华、浑然去雕饰的。这正是劳动妇女在参与社会实践中才有可能产生的审美建构和审美情感。这使得女书有别于"闺怨"诗，也不同于文人诗词，更不同于贵族妇女所写的爱情的词。这正是女书作为妇女写作的独特的美学魅力所在。

2. 题材改写体现女性创作的主体意识

从题材上看，女书作品有两类：一类是当地妇女自己创作的，反映当地妇女生活等内容的题材，这一类题材完全是以"我"的自叙来述说；另一类女书作品，是将当地汉字叙事诗翻译改编成女书叙事诗，饶有意味的是这一类改编成女书的叙事诗，标题都被改写为故事中的女主角，如《祝英台》《卖花女》《罗氏女》《王氏女》《萧氏族女》等等。用女书来陈述这

---

① 赵丽明. 中国女书集成：一种奇特的女性文字资料总汇 [M]. 北京：清华大学出版社，1992.

些汉文化中的民间故事时，原故事被改编，故事中的男性变为配角，甚至像汉语叙事诗《梁山伯与祝英台》，在女书中变成了《祝英台》，梁山伯则退出标题，居次要位置。"不说汉来不说唐，听唱看经王五娘"，将中国历史上的全盛时期作为铺垫来烘托王五娘，不管是出于娱乐，还是发泄，题材的改写，对生命对现实感觉的抒发，都体现出这些女性创作的主体意识。

女书作为中国民间文学的价值在于：非文人非主流叙事，抒发女性之间的姐妹情义以及独特的文字和独特的说唱方式。

深入分析妇女写作的状况，我们不难发现妇女要进入创作，哪怕是口头的民间的状态，需要多么不寻常的努力，她们的心灵又必须得到怎样的庇护和支持。由此我们来看江永女书流传地域的"楼"，的确有着不寻常的意义。正如英国女权主义者小说家弗吉尼亚·伍尔夫所说："到了那个时代，妇女们将会获得许久以来一直被剥夺了的东西——闲暇，金钱以及一间她自己的房间。"①

3. 成为妇女苦情的象征

也有人将女书称为"草本文化"，它没有长成大树，甚至都没有长成木本植物。女书往往流传于母女和结拜姐妹间，而写作女书的作者往往叮嘱后人或者姐妹，在她去世的时候将生前的女书烧掉，据说这样可以带到阴间去，可是尽管这样女书也没有失传。可见虽是草本，也有着"野火烧不尽，春风吹又生"的顽强的生命力。它无法长成大树，是历史的局限，我们可以设身处地想一想，一个女子在十五六岁刚刚萌动生命意识的时候，就被包办婚姻，以后的日子全是在婆家度过。一天到晚，上有公婆丈夫，下要拖娘带崽，留给自己的空间和时间都是十分有限的。在那种女性连婚嫁都不能自己做主的时代，女书往往会成为妇女诉说苦情的载体，成为妇女苦情的象征。女书作为世界上唯一的女性文字，作为一种"草本"的民间文学样式，它的存在是对男权社会的一种挑战，直到今天我们用女性主

---

① 弗吉尼亚·伍尔夫. 论小说与小说家 [M]. 瞿世镜，译. 上海：上海译文出版社，2000.

义文学批评的眼光来分析，女书无疑在汉语言文学尤其是女性文学和女性写作方面仍然占有重要的一席之地。

　　女书是一种具有性别属性的民歌和民间说唱文学，正如中国科学院文学研究所中国文学史编写组编写的《中国文学史》所指出的："当然，也不应该否认民歌无论在思想和艺术上仍旧存在着许多缺陷……具有用白描的手法勾勒鲜明生动形象，质朴真挚的艺术特征，因而就不可能不掺杂着落后庸俗的封建、迷信……又由于辗转传播，也不可能没有彼此沿袭的情况出现。"①

① 中国科学院文学研究所中国文学史编写组. 中国文学史 [M]. 北京：人民文学出版社，1979：1138.

三、江永女书中的中国乡土妇女形象

江永女书的创作与流传是中国乡村妇女写作的一种较为原始的状态。江永妇女的生存状态尽管没有脱离以男权为中心的模式，可是因为这里的生活环境比较安定，田地不多，妇女有一些空闲时间，可以聚集在属于她们自己的房间——"楼"里，大家一边做针线活，一边进行口头创作。在家长和旁人看来，妇女聚集在一起，有利于巧拙互补，互相学习，提高女红技能，于是社会认可及生存的需要促成了这种妇女公共劳动空间的形成。她们聚集在楼里，或互相倾诉心声，或为姐妹写传记，或为自己写传记，在这种短暂的时间或会被各种家务事打断的碎片一般的时间里，歌谣创作成了她们的文学形式。

（一）姐妹，贺喜相见倾诉苦情

高银仙抄存的贺三朝书①，文本一开篇交代了叔伯家的妹妹出嫁，作者到叔叔家贺喜。由此想到自己的婚姻是由父母做主"没商量"，"我"只得"粗心"，不去计较，今天你们家为女儿考虑周全，"我"便借着叔叔家摆歌堂来倾诉。原文如下：

> 把笔修书帕头上，奉到贵家拜龙门。
> 前朝叔娘周全女，一日之荣落贵家。
> 父母双全送上轿，哥兄遥遥交却身。
> 嫂亦两位妹两个，世上占位上命人。
> 叔共伯娘连襟义，大齐命中胜过人。
> 伯娘两儿一个女，叔娘一儿两点花。
> 旧年亲娘周全女，不得细心诗姑娘。
> 爷娘千般没商量，台本粗心倚过了。

① 谢志民. 江永"女书"之谜［M］. 郑州：河南人民出版社，1991：19-40.

叔娘今年周全女，借叔歌堂来诉言。

薄写粗书来看察，同胞姑娘满三朝。

一接三朝二诉苦，理上不该来诉言。

命薄嫂娘无出气，才台作书诉苦情。

想起出身命贱薄，无弟无兄不如人。

父母先前命匀同，两个娇儿三点花。

得知家门祖水变，到此如今不如人。

只气弟郎死得苦，撞着冤家对头人。

前世冤麋对头到，打杀连襟不回头。

哪知家门祖水丑，弟二弟郎又落阴。

父母气得肝肠断，无法升天没奈何。

三个红花周全了，父母年来没倚身。

台亲操心接个崽，养大成人讨了亲。

此段诉说自己原来有两个兄弟三姐妹，三姐妹都很"周全"，两个兄弟
却都短命，父母担心没人养老，抱养义子，养大成人还成亲。

见个娇孙多欢喜，又办酒来又办汤。

呼拢叔孙逶过谱，我亦安心并无愁。

再养细孙真欢喜，一家遥遥闹热多。

不知弟郎哪样想，撂亲良心要回程。

甚位谁知刻薄你，还是旁人讲变心。

四母引起回家住，我亲虚操没功劳。

在心屈来在心气，亲爷病中尽了头。

前年我亲落阴府，放下母亲孤鸟形。

眼见父母在家抱了两个孙子，没有想到的是义弟一家搬回亲生父母家，
我爹爹因此病逝，母亲独身一人。

旧年亲娘运不同，厅堂跌跤又疯了。

三餐茶饭要人奉，叔弟伯娘操尽心。

接到我家几个月，服侍到头有细心。

只是亲娘有忧屈，口念心烦想回家。

第三妹娘接出去，几个月中服侍娘。

早起一盆洗面水，夜来一盆洗脚水。

三餐茶饭端正奉，亦是时时不安心。

再复姊娘接出去，人性放长待母亲。

三个接娘一年半，亲娘心烦要回家。

三个坐拢共商议，难舍母亲送回程。

　　从去年起，母亲摔跤又疯了，一日三餐要人照顾，我的叔叔、伯娘都费了心，我三妹接娘到她家住了几个月，二姐又接娘去住，三个轮流奉养母亲，娘还是住不习惯，要一个人回家住。

送亲回家如刀割，眼泪四垂揩不开。

一面守节不方便，二面身体不刚强。

三个何尝哪不气，送亲空房冷孤恓。

不比弟郎不回府，咱在他家没虑其。

口日回家看察亲，家有事情难起身。

三个在他命匀同，薄薄略将如得人。

姊面一儿花三点，妹面一儿两点花。

唯有细姊阑壁薄，一个金孩单薄了。

是台可怜气不尽，东虑热头西恨天。

想起以前多闹热，同围四存慕见咱。

公姆以前恚五个，如今四叔世上凭。

叔共伯亲嫂四个，占开二位没源流。

　　此段写送母亲回家的心情。感叹如果回到娘家伺奉病中的老母亲，一是犹恐守节不便，二是自己的身体也不刚强，三是回到娘家很生气，由此感叹女子不比弟弟，男儿在家照料母亲没有顾虑。我只是说回娘家探亲，婆家中有事，天黑又得往回赶，三姐妹都是这样的情形。想到出嫁之前三姐妹在娘家的情形，周围的邻居都羡慕我家热闹。我公公婆婆有五个儿子，如今只有四叔有后人，三家没了传人。

> 伯娘空房功劳出，两个娇儿孙三位。
> 细伯娘呶命贱薄，无花无儿没开心。
> 长崽媳娘落阴府，放下孙儿伯操心。
> 细伯娘呶死得早，千般事情独位当。
> 千操万辛娶个小，又是虚操没功劳。
> 娶得媳娘聪明女，四眼团圆没点忧。
> 唯有四叔命匀同，一个金孩长成人。
> 五叔当朝在远府，死在别州没回程。
> 一家可怜诉不尽，再提房中五叔娘。
> 两个女儿成长大，交却完全放轻心。
> 叔娘空房多恬静，守大红花有功劳。
> 一日回家三两转，千般事情有倚身。
> 大女周全路途远，细女出乡同一村。

接着，作者描述了大伯娘、小伯娘没有后人，五叔当官在远府，五叔娘守空房，但是有两个女儿在身边，大女儿样样都好，就是离娘家的路途远，小女儿的婆家在同一个村子，一日回家三两转，晚年靠女儿养老日子顺心。对照五叔家女儿养老的幸福晚年，联想到自己的父母不接受女儿养老，两个儿子早夭，收养义子离家，晚年的凄凉，通篇叙事，句句真情，本来一个幸福美满的家庭，却因为从夫居、男婚女嫁的乡规村俗酿成人间悲剧，女儿挂念父母养老，却不得长住娘家照顾老人……充分表达了作者对父权制这种社会习俗的不满和哀怨，认为女儿养老同样可以老有所靠，同样可以过上幸福的晚年生活。这首女书作品表达的男女平等意识，在今天看来，仍然具有进步意义。

(二) 妻子，风中葛蕌此恨绵绵

传统礼教十分强调女人的柔顺，所谓的"贤妻良母""相夫教子"都是做女人的行为准则。

在赵丽明主编的《中国女书集成》的"义年华自传"中，我们读到女书作者自述包办婚姻的凄凉处境，内容如下：

> 丈夫出乡如书院，我在堂前奉双亲。
>
> 三餐茶水多端正，孝顺父母尽我心。
>
> 三从四德也知礼，忠孝二全父心欢。

年轻的媳妇在丈夫离去后尽心侍奉公婆，对这个家庭充满爱心与忠诚，并赢得公公的喜欢。想不到的是——

> 父亲出门抒场去，谁知母亲说五言。
>
> 枉我暗中煮蛋吃，哪个神仙来证明。
>
> 日夜要娘同房睡，时刻不离娘的身。
>
> 哪有何尝有此话，无人申冤来证明。
>
> 老娘当天来跪下，咬土三口咒我身。
>
> 自想自叹伤心哭，几夜天光愁断肠。
>
> 又想房中自缢死，……

一个在家庭纠纷的旋涡中打转的青年女性，受教育水平一般不高，被婆婆出于嫉妒故意抹黑（暗中煮蛋吃）时手足无措，在求神求天不能验证清白的情况下，只能通过伤害自身的方式（咬土三口咒我身）来换取清白。这种极端的做法是做给村里人看的，因为舆论一经形成，真真假假很难分清，当事人不否认就相当于默认，因此做这么极端的事情来反抗无缘无故受的羞辱就可以理解了。女主人公从一开始对天发誓诅咒自身，急着证明自己清白愤怒的心情，到夜难成眠肝肠寸断，甚至想到自杀，产生敏感消极的情绪，无法抑制内心的悲伤。

女主人公最终还是挺过来了，"难舍红花女一人。左思右想无可奈，等夫回家说分明"。想到年幼的女儿，这位善良慈悲的母亲被母爱唤醒了，最终决定依靠自己最后的盾牌——丈夫，重振生活的信心，如同强硬又柔软的葛藟一般。

（三）女儿，好的花株不会种[①]

　　《江永"女书"之谜》中将江永女书分为十类，其中一类为叙事诗。《好的花株不会种》便是其中的一篇。读这首女书作品，仿佛听到这位叫珠珠的女孩在堂上凄惨的悲鸣，这是一首捍卫自由爱情的悲伤的赞歌！

　　在"父母之命，媒妁之言"的时代，女子纵使已有心爱之人，并两情相悦，也必须将浓浓的情丝压在心底，因为那样会被人说成是不自爱，会给家族蒙羞。于是，媒妁之言，一纸婚书，嫁给了从未谋面的男人，运气好的话，生活亦是平淡也心安，运气不好，只能带着思念与无奈生活，郁郁寡欢。而《好的花株不会种》记叙的正是主人公珠珠悲剧的一生

　　　　　朱笔落文纸中记，记到黄家黄树堂，

　　　　　树堂所生是一位，名叫珠珠是女娘。

　　　　　珠珠出嫁王府上，嫁与王家王大郎。

　　　　　王郎本是对不住，四体不全不光晰。

　　　　　珠珠心中自思想，心中思想不愿情。

　　　　　与他王门成婚配，九死一生亦不能。

　　　　　回家告知父母听，父母听女说言章。

　　　　　好格苑花不会种，种入阴山不显阳。

　　　　　几时过了我生世，几时终了女儿身。

　　　　　父母听得女儿说，连夜起马到王门。

　　　　　来到王门贵府上，压迫退亲不愿情。

　　　　　三百银子做手本，三千银子进衙门。

　　　　　双脚跪下法堂上，珠珠一心要讲赢。

　　　　　棠下二郎珠所爱，先通后娶难脱情。

　　　　　十字路上去会面，三层炮楼去成婚。

　　　　　珠珠头红尾亦红，树堂送到义家门。

---

①　谢志民. 江永"女书"之谜 [M]. 郑州：河南人民出版社，1991：633-639.

　　　　　云杉叫声娘，衣襟撇过是爷娘。

　　　　　珠珠启眼来观看，看见又是死人床。

　　珠珠嫁到了家底丰厚的王家，丈夫却是一个身体残疾、智力不健全的人，一个向往自由与爱情的年轻姑娘怎能忍受命运如此的捉弄，并且在这之前她已心有所属！于是她向父母哭诉，父母亦是心疼女儿，连夜骑马到王家理论，要求退亲。结果退亲不成，珠珠将王家告上衙门，珠珠在法堂跪下，宣布自己另有所爱，但是嫁入王家已成事实，局面已经不能挽回。即使到堂上理论，也不能改变珠珠已嫁入王家的命运。于是，珠珠绝望，欲哭无泪，已无活下去之意志。在诗的后面，描绘了一种虚拟的场景，"十字路上去会面，三层炮楼去成婚，珠珠头红尾亦红，树堂送到义家门"。珠珠全身披红，与自己心爱的男子成婚，但这只能是幻想了。以虚衬实，更反映了现实中珠珠命运的悲惨以及其对爱情的坚贞。于是诗的最后一句"珠珠启眼来观看，看见又是死人床"，婚礼即葬礼，珠珠的自尽把我们拉回到现实，更加体现了珠珠命运的悲惨，追求自由与爱情在那个时代的代价实在太大！

　　全诗共十八行，完整地叙述了珠珠在婚约下无奈嫁与王大郎的悲惨故事。从形式上看，该诗结构简单，七字为一句（除倒数第二句）。从写作手法上看，从第一句到最末一句，直叙到底，但最末几句笔锋一转，由实写转入虚写，在一定程度上给全首诗增添了亮点。从内容上看，全诗通俗易懂，紧紧围绕着珠珠婚嫁一事展开叙述，语言平实，情节步步逼近主题，引人入胜。这首诗意在表现珠珠在传统婚约下为爱抗争、为自由抗争，企图打破包办婚姻的勇敢女子形象，在封建礼教的社会背景下珠珠这一形象难能可贵，值得肯定。同时，珠珠面临婚姻无法自主选择，不能追求幸福爱情的悲惨命运又无不让读者扼腕痛惜，如此美好的女子却无奈做了那个时代的牺牲品！

　　虽然文中并没有明确提及此诗写成的时间，但从字里行间以及所称"府"字，可以想到当时的封建意识深植于人心，三纲五常，男性为天，女子所嫁永远是不曾谋面的陌生人。于是乎，一个有思想、有主见的女孩就这般嫁了，嫁进了一座坟，躺着的是"死人床"，她的心中，她的梦里仍旧有她的好情郎，只是，有情人终未能成眷属，自己也已嫁作王家妇。

《好的花株不会种》，诗的题目便体现出一株好花出于人为的原因而落下悲剧，女性即便是好花一株，难免落入任人摆布的悲惨命运。女性人生之不如意者十之八九，不如意事情的产生可能有主观的原因，但更多的是客观环境的影响。文中的女主人公珠珠在当时可以称得上有理想、有追求的新型女性，可是"朱笔落文纸中记，记到黄家黄树堂"，尽管珠珠的娘家如此强势，父母也十分疼爱女儿，支持女儿自由恋爱，但是"三百银子做手本，三千银子进衙门"，钱财散去，珠珠最后仍然不能摆脱婚姻制度带来的悲剧下场。

《好的花株不会种》为研究中国农村妇女的生活提供了一个很好的范本。

（四）媳妇，三叹《做媳难》[①]

女书《做媳难》用一种通俗到几近生活絮叨的语言为我们讲述了媳妇受到的欺负和刁难的故事及其生活之痛。原文如下：

> 梳起头，插起花，哥哥引我过人家。
>
> 千家万家你不许，许起桥头李万家。
>
> 李万家中事又多，八府良田田地多。
>
> 碓屋踏碓碓屋粮，嫌台偷米养爷娘。
>
> 家有金箍箍水桶，又有银包包菜来。
>
> 金包柱母银包梁，我娘家中少甚行。
>
> 一更鸡啼我起早，二更鸡啼我梳妆。
>
> 三更鸡啼淘白米，四更鸡啼入菜园。
>
> 一唤大哥来饮朝，哥哥嫌台煮饭生。

---

① 谢志民. 江永"女书"之谜［M］. 郑州：河南人民出版社，1991：919-926.

你家没得桐禾米，粳米煮饭本是生。

二唤细哥来饮朝，细哥嫌台煮菜生。

你家没得猪油板，茶油煮菜本是生。

三唤三哥来饮朝，三哥本是人性好，

盛碗冷饭倒烫汤。一唤大嫂来饮朝，

大嫂嫌我筷子长。二唤细嫂来饮朝，

细嫂嫌我筷子短。本是三嫂人德好，

只长只短配成双。大哥开口要嫁我，

细哥开口写分书。三哥本是情性好，

拿起红纸又藏开。大哥送出大门脚，

细哥送出门楼上。第一三哥本是好，

送到岗峨大路边。刚刚撞起六哥归，

何不跟我马上走？何不跟我马上鞍？

好马不饮回头草，好汉不讨半路妻。

　　一痛，痛大哥的选择以及表达自己对李万家浮夸和虚荣的生活作风的憎恶。对于"家有金箍箍水桶，又有银包包菜来"这样的行为，作者直截了当地用"我娘家中少甚行"的评论表达了自己的不以为然和否定。并且李家田多粮多，作者用"嫌台偷米养爷娘"说出自己对于李家吝啬的不满和气愤。正是这样一个"我"完全不喜欢的人被大哥选为"许"的对象，而最痛的是那个年代下"我"的无力反抗与必定接受。

　　二痛是痛生活的劳累和不受亲友的理解。从一更起早开始一直到四更劳作，本就是辛苦和烦闷的事情，可是大哥、二哥、大嫂与二嫂都分别以饭生、菜生、筷短这样的理由刁难"我"，只有三哥和三嫂仁德，性好。

　　三痛被家人强嫁。大哥逼嫁，二哥写分书，三哥将我送到大路边。在这里遇见六哥，却只能接受"好汉不娶半路妻"，就这样，她与心上人擦肩而过。

（五）寡妇，吴氏修书诉可怜

在中国传统文化中，寡妇的社会地位是极低的，对寡妇的限制性习俗也有许多。旧时为了男方家的家庭财产不流失，寡妇是严禁重新嫁人的。于是有了"守节"这种针对寡妇的特有文化现象。订了婚的女人，在出嫁前若丈夫去世，也必须如期嫁到男方家，在北方一些地区有和大公鸡结婚的习俗。丈夫死后，寡妇要为丈夫守节一生。许多中国妇女为了一块贞节牌坊而痛苦了一生。在中国传统社会，寡妇人生总是凄惨的。与此同时，形成了中国特有的歧视寡妇的文化。

寡妇这种腐朽词语显然诞生于蒙昧落后、封闭保守的旧时代，诞生于不人道的男权社会，无非就是这个男子生前死后都要永远占有这个女子。而至于这个女子在男子死后的几十年间过着怎样的生活，是不会有人关心的。所以过去寡妇的悲剧很多，大都是生无所养，老无所依，孤苦自怜，尊严尽失。

女书《寡妇歌》生动细致地介绍了寡妇一年的生活：

> 正月新年日好过，一家摇摇没点忧。
>
> 刚刚踏上六年满，细声细语互商量。
>
> 二月我夫得星数，只是口中念心烦。
>
> 谁知骨头亦知得，只是心中乱溶溶。
>
> 三月我夫落阴府，春紧禾忙倚哪个？
>
> 断黑入棺分离别，一世不陪好夫妻……①

在封建社会，一个男性要养家糊口都不容易，更何况一个寡妇。江永女书作品因为是女人之间的相互倾诉，充满对寡妇身心痛苦的描述，归纳有以下几类。

---

① 赵丽明. 中国女书集成：一种奇特的女性文字资料总汇 [M]. 北京：清华大学出版社，1992：398-399.

1. 纺织和女红

寒妇裹了小脚，一般都不能胜任种田的农活。她们多数要靠纺织和女红来维持生活。据光绪《永明县志》记载："蒲氏，邑东贡生徐时述妻，述肆业成均，撄疾卒，氏年三十。抚孤日省，甫四龄居贫，纺织治生。"女书《棠下义井居传》记载了寒妇靠给人做衣和绣花来维持生活："相伴姑娘绣花色，各位姑娘解开心。"①

2. 踏碓

踏碓是磨坊里舂米或推磨碾米一类的工作。寒妇到别人家里帮工，多做这事。女书《菊阴自传》说："娘守空房多受苦，与人踏碓过时光。"②女书《二十八岁守寡媳妇不孝》说："左思右想无计策，替人踏碓过时光。"③

3. 讨饭

相当多的寒妇，都有过讨饭的经历。女书《王转初自述》记载："日夜哭夫真无路，只是讨吃过时光。日间讨尽千家米，夜间神内去安身。"④

为了维持生计，寒妇要种田、纺织、做女红，有时要到别人家做帮工，实在揭不开锅的时候，还要沿街乞讨。

---

① 赵丽明. 中国女书集成：一种奇特的女性文字资料总汇 [M]. 北京：清华大学出版社，1992：324.
② 赵丽明. 中国女书集成：一种奇特的女性文字资料总汇 [M]. 北京：清华大学出版社，1992：299.
③ 赵丽明. 中国女书集成：一种奇特的女性文字资料总汇 [M]. 北京：清华大学出版社，1992：380.
④ 赵丽明. 中国女书集成：一种奇特的女性文字资料总汇 [M]. 北京：清华大学出版社，1992：391.

4. 事事求人

孤儿寡母，没有依靠，许多事情要求人帮忙。首先要请人种田。女书《何罗疏自传》说："求人种田十分难。"①

还要请人整水灌溉，收获季节还要请人割禾，样样都要求人。女书《何井君》："求人种田入心气，田中整水泪双流。请人割禾也急曲，寡妇求人十分难。"②

生活困难时，向人借盐借米，也要求人。女书《寡妇怨命吃尽亏》记载："吃了早朝去薅稗，行到田中冷空空，跨入大门透口气，台上碗碟无人收。"③

5. 受人欺负

孤儿寡母，没有人保护，很容易成为小偷、无赖和歹徒欺负的对象。女书《义年华传》写道："买头耕牛一年满，到了冬天贼偷了。年华心中如刀割，没牛种田十分难。"④ 女书《焕珠自述》也写道："仓内有谷人偷去，寡妇年轻受凄寒。"⑤

6. 遭人非议

寡妇门前是非多，自古以来就如此。寡妇不能与男性有正常的交往，否则就会有人说长道短，添油加醋，使得人名誉扫地。女书《何罗疏自传》

---

① 赵丽明. 中国女书集成：一种奇特的女性文字资料总汇［M］. 北京：清华大学出版社，1992：303.

② 赵丽明. 中国女书集成：一种奇特的女性文字资料总汇［M］. 北京：清华大学出版社，1992：315.

③ 赵丽明. 中国女书集成：一种奇特的女性文字资料总汇［M］. 北京：清华大学出版社，1992：604.

④ 赵丽明. 中国女书集成：一种奇特的女性文字资料总汇［M］. 北京：清华大学出版社，1992：288.

⑤ 赵丽明. 中国女书集成：一种奇特的女性文字资料总汇［M］. 北京：清华大学出版社，1992：394.

说："娘守空房年轻少，公嬷房前言语多……守节七年上八载，他娘房前言语多。"①

女书《义年华传》也说："身守空房一年满，两个儿子言语多。"②

7. 受子女虐待

吴氏在婚后十八年丧夫守寡。农村的妇女往往有重男轻女的思想，认为女儿出嫁后是别人家的人，养老要靠儿子。谁知儿子娶了媳妇以后，嫌她是包袱，以劝其改嫁为名要赶她出去：

> 媳娘来了两个月，开言叫我改步行。
>
> 年轻守节台不去，台有家规不乱行。③

以后，儿子竟然和媳妇一起虐待自己的母亲：

> 娶错何家牲猪母，打台亲身几多回。
>
> 只是我儿没才事，娶得妇娘变了心。
>
> 夫妇同心不养台，当时将台赶出门。
>
> 三餐上桌又抢碗，夜间上床没被铺。
>
> 大队干部来劝解，也不遵依干部情。
>
> 台有田地不分谷，当时赶出无处安。
>
> 干部叔孙个个好，劝我私厅去安身。
>
> 住在私厅不服气，再打台身几多回。
>
> 私厅打了又不算，赶出门楼打台身。④

女书叙事诗的文字简洁，却令人印象深刻，朴素又直接。与对仗工整、

---

① 赵丽明. 中国女书集成：一种奇特的女性文字资料总汇［M］. 北京：清华大学出版社，1992：301-303.

② 赵丽明. 中国女书集成：一种奇特的女性文字资料总汇［M］. 北京：清华大学出版社，1992：290.

③ 赵丽明. 中国女书集成：一种奇特的女性文字资料总汇［M］. 北京：清华大学出版社，1992：345-346.

④ 赵丽明. 中国女书集成：一种奇特的女性文字资料总汇［M］. 北京：清华大学出版社，1992：346.

用词考究的诗词不同，正是柴米油盐般的文字塑造了最真实的妇女形象，这样一种贴近生活的文字为我们平实地诉说了一个境遇悲惨的女子的故事。

从女书文本中我们可以读到妇女各个不同人生阶段的不同生活状况，从"女儿""出嫁女"到"媳妇""寡妇"的生存之艰难。

另外还有一点值得注意，女书诗不仅都以贴近生活的朴素文字写成，而且大部分都以七言诗存在。女书诗不讲究对仗工整，而讲究诉说的方便与音律的统一，正是如此，大大丰富了中国民间诗歌的内容与可读性，同时又使得诗朗朗上口。女书在诗的美学方面有着独到的造诣。

四、江永女书《王氏女》的叙事风格

据谢志民先生的收集和统计，江永女书的叙事诗类作品，一共有叙事诗 19 篇，唱本 6 篇。① 如果将江永女书的叙事勾勒出一个具体的框架，它仍然属于"中国血缘伦理型的文化"。王建科教授曾经是这样定义"中国血缘伦理型的文化"这个概念的："与家庭家族紧密相连的文学母题有：1. 家庭与情欲；2. 家庭家族与婚姻；3. 家庭家族与礼教；4. 家庭家族与子女教育；5. 血统、财产与家庭延续；6. 科举与立身扬名；7. 家族复仇。"②

所谓流变，按照国学大师钱穆先生之意，"所谓史者，即流变之意，有如水流一般。吾人如将各时代之文学当作整体的一贯的水流来看，中间就可看出许多变化，例如由唐诗演变下来即成为宋诗和宋词是也"③。尤其是同一题材故事在文学史上不同时期的不同文体比较，更能够看出其流变的特征。

（一）江永女书和汉语言的民间唱本几乎是同一类母题

如江永女书《罗氏女》的开篇：

> 自从盘古分天地，几朝天子造寿君，
>
> 几人有福登金殿，几人无福丧边疆，
>
> 几人夜宿红罗帐，几人无被到天光，
>
> 几人有饭无人饮，几人无米粥清汤，
>
> 几人无妻孤自独，几人三女共夫郎，
>
> 世上几人登百岁，几人在娘怀内亡，
>
> 西天取经唐三藏，暮里陈府去寻娘。

---

① 谢志民. 江永"女书"之谜 [M]. 郑州：河南人民出版社，1991.
② 王建科. 元明家庭家族叙事文学研究 [M]. 北京：中国社会科学出版社，2004：23.
③ 钱穆，叶龙. 中国文学史 [M]. 成都：天地出版社，2016：292-293.

舍生取义玉仙记。丁兰刻木见亲娘，

河边望夫萧氏女，墓里寻夫祝九娘。

千里送衣孟姜女，贞心女子去寻郎……

听唱秋湖罗氏娘……"①

很明显，这种叙事方式和叙事内容与中国传统纪传体的叙事方式和结构是一致的，从《史记》《汉书》延续下来的叙事方式，往往先叙述先祖，再叙前辈贤达，一路唱下来，由远及近，在家国同构的框架下，将儿女情长与保家卫国一并带入叙事主题。尤其值得注意的是江永女书的繁荣与明清民间家庭家族叙事说唱文学的流变大背景密不可分。

据江永上江圩中学的唐功暐先生的研究，女书最早起源于妇女读扇，直到现在当地人都将妇女写女书的活动叫作"做扇"，把读女书叫作"读纸扇""读扇""唱扇"。将女书写在纸扇上，随身携带很方便，又可以作为赠品。另一种女书常见的样式是"三朝书"，只写三张，用小楷的毛笔字书写，竖排，后面的空白纸夹着五彩丝线。

我们还可以将女书唱本《罗氏女》与汉语言的同一题材作品做比较研究，秋胡戏妻故事的演变，最早见于汉代刘向的《列女传》；魏晋南北朝时，故事在民间广为流传，文人也用于吟咏，如傅玄的《秋胡行》，颜延之的《秋胡行》；唐代有《秋胡变文》，发展为长篇故事；元代有《秋胡戏妻》杂剧；南戏亦有秋胡剧；明代则有《采桑记》；近代各地方戏多有《秋胡戏妻》剧目。刘向在《列女传》《说苑》等著作中都是借用日常生活特别是个人家庭生活中的故事来阐说"忠孝节义"的意义。因此，"秋胡戏妻"在他的笔下，被上升到忠孝的大是大非的高度。②

一首汉乐府诗《陌上桑》在江永女书中被演绎成《罗氏女》，便开始了对妇女一生大喜大悲、大开大合的描述：衣食住行，被子、米汤、红罗帐，日常生活，妇女话语……一首用来说教的"秋胡戏妻"典型人物故事，便

---

① 谢志民. 江永"女书"之谜 [M]. 郑州：河南人民出版社，1991：1293.

② 王建科. 元明家庭家族叙事文学研究 [M]. 北京：中国社会科学出版社，2004：59.

有了如此斑斓的画卷一般的背景。从中不难感受民间女子的审美倾向和再
创造。同时也让人深深体会到女性即便没有走出传统男权文化的藩篱，但
是她们一旦成为独立的文本创造的主体时，她们的创造力和想象力将得到
充分的发挥，她们的审美追求处处闪烁出女性的智慧之光。

"在这种反抗意向的作品中，借助历史性典故也是女书叙述作品另一特
点。这类作品作为一种指涉代码（或文化代码），如罗兰·巴特所讲，指向
文本以外的历史、神话等各方面知识的能指。包含人们所共知的文化属性。
在历史事件叙述中，涉及的生死宇宙观，女性在历时性的事件中所得到的
感悟，表现了普通下层女性民众在战争事件中的解读视角。"①

在江永女书中有一些十分有特色的唱本，在将汉语言文字民间故事演
绎为江永女书唱本的过程中，女性的审美倾向和文学创作特色自然地流露
了出来。下面将以江永女书唱本《王氏女》为例，来进行叙事主题以及作
品内容分析。

（二）《王氏女》的叙事主题分析

文学作品中的母题，通常指的是文学作品中反复出现的人类的基本行
为、精神现象及人类关于周围世界的概念，例如生、死、离、别、爱、复
仇、时间、空间等。这是一种较为普遍的认识，当然现在对于文学的母题
有多种说法：有按照故事人物来划分的，也有按照情节来划分的。

我们分析江永女书唱本《王氏女》，是从家庭和家族的叙事主题来分析
的，《王氏女》是一个篇幅较长的唱本，其中几乎涵盖了家庭家族叙事文本
的所有母题，如情欲、爱情、婚姻、礼教、子女教育、来世与今生、血统
承传、家族延续、科举与立身扬名、家族复仇等。

江永女书唱本《王氏女》所叙述的故事，我曾经于 1982 年在湖南通道
的侗家山寨听说过，记不起女主角是否姓王。那是在侗族居住地的传说，
故事比这个唱本要简洁，但情节几乎是一样的：传说有一个村子出了一件

① 张晓佳. 从女书论空间、时间中的乡村女性主体意识 [J]. 文艺评论, 2011 (5): 129-130.

怪事。有户人家生了个孩子，一生下来，就用脚在地上写三行字，一行是她丈夫的名字，一行是她女儿的名字，一行是她儿子的名字。刚刚生下来的婴儿，不到三天就会下地走路，说要过桥到对面的村子给她的女儿喂饭，给儿子喂奶。

这个颇有神奇色彩的民间故事，给我留下了深刻的印象。我没有读过这个故事的汉语言文字版本，却在江永女书的唱本上看到了这个故事。

《王氏女》的汉字版目前能看到的最早版本为清代刻本，作者不详，年代不详。书名全称为《王氏女三世卷》，属于宝卷。宝卷是中国民间宗教的专用经典，是在民间宗教和信仰活动中，按照一定仪轨演唱的一种说唱文本，是流传在中国下层社会的一种通俗文学。

（三）《王氏女》的唱本情节分析

1. 对一瓢污水的大书而特书

"不说汉来不说唐，听唱看经王五娘"，唱本一开篇将汉唐这两个中国历史上最强盛的朝代点出来，为唱本的主要人物王氏女出场做铺垫。可见在江永女写作者的眼中，民间的王氏女才值得歌唱，甚至比汉唐的帝王更值得颂扬。紧接着对王氏女的一生写得十分概括，"七岁看经到十五，十九房中淡梳妆"，从七岁到十九岁，"读经"和"淡梳妆"寥寥几笔便将人物的高风亮节表现出来了。

那么什么是值得大书而特书的呢?

在唱本中，王氏女是高尚纯洁的，她自小念佛经、吃斋，偏偏被父母许配给屠夫为妻，与她的丈夫形成鲜明对比。

夫君令芳心不修，尖刀两把杀猪羊。

每日杀猪三五个，叫妻王氏去烧汤。

王氏烧汤双流泪，训劝丈夫赵令芳。

别行生意尚好做，不在世间杀猪羊。

白刀进来红刀出，不恓惶来亦恓惶。

杀生害命多有罪，阴司难过奈河江。

抛了杀生你莫做，来世脱下往天堂。

令芳答言王氏道，贤妻说话不思量。

你念金刚你惜福，我杀猪羊罪我当。

修善之人不管我，莫在此间道短长。①

　　王氏女的精神境界和圣洁的情感，并不为丈夫赵令芳所理解。赵令芳不但不能理解王氏女，还常常让王氏女当他的下手，指挥她干这干那，这个"泼污水"的细节描写展现了人物的内心世界：

将水泼在阳沟内，窳了乌王童子郎；

将水泼在禾田内，窳了日月三星光；

将水泼在床脚下，窳了土神不安康；

三朝走在炉膛过，窳了火炉灶君王；

五朝走在厅堂过，窳了门中神仙堂；

七朝走在经堂过，窳了佛前一炉香；

一月出河去挑水，窳了河中海龙王。②

　　对王氏女"泼污水"细节展开浓墨重彩的描写，表达了王氏女对丈夫宰杀生灵，让她"泼污水"的行为极为不满。

　　一长串的"窳"（"坏了"的意思），表达对于丈夫乱泼污水的憎恨，表现这位王氏女供奉神灵的虔诚和心地的善良。她对丈夫"杀生"有诸多的不满，因为她有信仰有敬畏，人应有敬畏。在诸多敬畏之中，人才能找回自己的理性，对自然界的敬重和敬畏同时构成对自身欲望的克制。风神雨神，树神虫精……敬畏众神，便是对大自然的敬畏，产生了中国本土的道家思想，正是一种对大自然泛神的敬畏，所以对这一泼水的铺陈排比和描写，照见的是一种女性视角的泛神论的本土的人生观和世界观，也是明

---

① 谢志民. 江永"女书"之谜［M］. 河南：河南人民出版社，1991：1367-1370.
② 谢志民. 江永"女书"之谜［M］. 郑州：河南人民出版社，1991：1362-1375.

清文人美学关于"清浊"论的具体体现。

对这一瓢水的描写极力铺张渲染，使我联想到女性独特的叙事特征，由于女性长期远离功利，女性视角似乎更擅长细节铺陈，更具有文学的直观和形象思维的魅力。

更为引人深思的是《王氏女》中对这位屠夫丈夫的描写。当他的妻子王氏女对他不满，并且提出两人分居时，丈夫赵令芳的回答：

> 夫妻天长并地久，岂可鸳鸯两分离；
>
> 你今欲亲分离去，需把金刚对一场；
>
> 金刚念有几多字，几多分数几多刚；
>
> 甚字起头甚字尾，甚个字儿在中头；
>
> 贤妻若还说得出，与你分离亦无妨。①

意思是王氏女如果能把《金刚经》背诵下来，赵令芳便同意分居。看来，只要女子有才学，连干粗活当屠夫的丈夫，也是赏识和佩服的。如果我们将文学当成一种对社会生活的反映，不难看出，在江永的民间，女子有才学，是男人和女人都十分敬佩的。

王氏女果然将《金刚经》一字不差地对答出来。丈夫也遵守承诺，将两人的铺盖分开来，各自住一间屋子。

> 夫妻双双来分别，各在私房各铺床；
>
> 粉不搽来花不插，梳头只用水抹光；
>
> 皂荚烧水洗身体，洗净身体换衣裳；
>
> 头上包巾戴一顶，脚上道鞋穿一双；
>
> 身穿道衣并道帽，数珠常挂在中堂；
>
> 日夜念经不住口，木鱼敲得响叮当；
>
> 行如惠玉多端正，坐似观音降黄尘。②

这里王氏女所代表的一种美德为"清"，她的丈夫便是与之相对应的

---

① 谢志民. 江永"女书"之谜 [M]. 郑州：河南人民出版社，1991：1377-1379.

② 谢志民. 江永"女书"之谜 [M]. 郑州：河南人民出版社，1991：1380-1382.

"浊"的代表。自六朝以后，中国文坛就认为写诗是增加女性魅力的事，在文学理论上也有"惟情""清浊"一说。①

"……若夫古今名媛，则发乎情，根乎性，未尝拟作，亦不知派，无南皮西昆，而自流其悲雅也……夫诗之道，亦多端矣，而吾必取于清。向尝序友夏《简远堂集》曰：诗，清物也，其体好逸，劳则否；其地喜净，秽则否；其境取幽，杂则否；然之数者，本有克胜女子者也。盖女子不习轴仆车马之务，缚苔芳树，养口熏香，与为恬雅。男子犹藉四方之游，亲知四方……而妇女不尔也。衾枕间有乡具，梦魂间有关塞，唯清故也。清则慧，卢眉娘十四能于尺绢灵宝经……男子之巧，淘不及妇女矣！"②

美学中的这种清浊观，在明清文学批评中早已流行，女性尤其是有才学的女性简直成为男性文人的理想楷模。

"行如惠玉多端正，坐似观音降黄尘"，他们甚至认为"王氏女"不参与社会生产和社会活动都是一种高洁和"清"的"真我"表现，是一种美的化身。

2. 小鬼登场

将王氏女的身世交代得差不多时，唱本出现了一个新的人物——地狱的"牛头马面"。"牛头马面"是地狱的一个小头目，这个人物与王氏女极具对比和反差，他们的相遇极富戏剧性。本来"牛头马面"是奉命到人间办案的。

> 东边查到西桑国，南到峨眉宝殿堂；
>
> 西到西天佛祖地，北到扬州杀鬼场；
>
> 天下府州都走过，并无一个孽子郎；
>
> ……
>
> 女子头上三把火，火烧瘆瘆在经堂。③

---

① 孙康宜. 耶鲁·性别与文化 ［M］. 上海：上海文艺出版社，2000：213.
② 钟惺. 名媛诗归 ［M］. 上海：有正书局，1918.
③ 谢志民. 江永"女书"之谜 ［M］. 郑州：河南人民出版社，1991：1384-1388.

小鬼登场，对王氏女的感觉是"瘆"（"可怕"的意思），过于完美的王氏女，感天动地泣鬼神，使得"牛头马面"感到恐惧和害怕。

> 又是佛堂念经卷，五色祥云照经堂；
>
> 念得金刚经字正，小鬼不敢进佛堂；
>
> 阎王听得如此语，并要取来对金刚。①

看来，一个才女的命运真是几经波折。先是父母不乐意她念佛经，将她许配给屠夫；后来是丈夫也不高兴，弄得两人分居；平白无故地，阎王殿的小鬼还会对她心存疑虑，说给阎王听……等待王氏女的将是怎样的命运呢？

在民间文学中，娱乐性和可读性是伴随着民间文学的诙谐、风趣、调侃而来，过于完美的人物是不方便调侃和玩笑的，这时的小鬼登场极具"把玩"人生的意味，极富文学性。小鬼的模样是牛头马面，极为丑陋、极愚笨也是极为夸张的。小鬼出场原本是奉命捉拿逆子，结果却恰恰捉拿了最虔诚最无邪念的王氏女。小鬼的禀报，使得阎王做出决定，捉拿王氏女来堂前对经。

3. 感天动地的生离死别

唱本里的"离家"这一场，生离死别写得十分动人。对泛神的敬畏，对细节的铺陈，使得这场生离死别显得浓墨重彩，很有家庭叙事的意味。

"伤离别"的重点是别孩子，男性文人也往往注重告别孩子，可是妇女在用女书记录这个故事时，就会将女性的人生体验写进去。这里写的是教会孩子如何和后娘相处：

> 前娘打你忙双啼，后娘打得血淋淋，
>
> 扫屋先扫娘房边，不给灰尘飞娘房，
>
> 叫你东去东边走，叫你西去莫辞忙，
>
> 有话莫在爷边说，说起爷来粗后娘，

---

① 谢志民. 江永"女书"之谜［M］. 郑州：河南人民出版社，1991：1389.

　　　　爷粗娘来娘打你，看来看去自身当，

　　　　云遮日头阴过山，前公后母本是娘，

　　　　随叫娇儿饮口奶，娘奶亦是断头浆，①

　　　　……

　　你看，亲娘打你，你可以哭可以闹，后娘打得血淋淋都不能吭声。然后告诫孩子如何与后娘相处，扫地先扫后娘的房间，有话不要跟父亲去说，父亲怪罪后娘，后娘回过头来会拿小孩子出气。还告诉孩子后娘也是娘，说到"本是娘"更是到了伤心处，拉过孩子来喂奶，将母子别离的悲情推向高潮。

　　王氏女别丈夫，别儿女，别爷娘，这些离别均在人情常理之中。但是写到地狱来的"牛头马面"要捉拿她下地狱时，王氏女一步一回头，一步一景，这里出现了一种超现实的对细节的表现：王氏女为什么挪不动脚步呢？原来她在辞别她的箱、她的床、她的帽、她的枕、她的凤冠、她的衣架，临到出门却偏偏不到架上取衣裳……唱到此处，的确是环环扣人心弦，催人泪下。

　　家庭、家乡、家园，都是中国的家庭文学叙事中非常重要的题材，家庭、家族是中国文化的重要柱石。"中国文化与政治伦理型的文化，它是一个有机整体，作为中国叙事文学之主体的古典小说戏曲，是在这种文化氛围中形成的，因而必然染上中国文化之特色。因此，要理解中国古典叙事文学及其相应的叙事模式，应先理解中国文化所依托的社会结构，理解中国文化的基础和核心。中国人具有很强的家国意识，中国社会具有家国同构的特点。"②

　　由此可见，一个人告别故乡，告别的不仅仅是丈夫（妻子）、父母、子女，还有父老乡亲、邻居，甚至还有土地和溪水，还有一草一木——因为你生于斯，长于斯。尽管王氏女不满意自己的婚姻和丈夫，可是告别家人

---

① 谢志民. 江永"女书"之谜 [M]. 郑州：河南人民出版社，1991：1410.

② 王建科. 元明家庭家族叙事文学研究 [M]. 北京：中国社会科学出版社，2004：5.

的时刻她却是如此眷恋，道不完的依依惜别之情。

我们常常说简约是诗美的最高境界，在江永女书叙事诗中，简约也是表现得十分突出的。它们往往表现为叙事过程的简约和对细节的不遗余力地描述，在"伤离别"的长篇铺陈中，饶有意味的是自然而然地流露出那些属于女性的创造。例如刚刚描写完辞别祖先牌位，接着描写"灶房埋起经一本，厨房崩了一堵墙"，体现家庭主妇与灶台的不寻常情感，直到此刻，王氏女告辞才算是收尾，她打算动身去见阎王了。唱本从这里转为写家族的众人为王氏女办丧事，"六亲九眷来上孝，只见满头白茫茫"。唱到此处，王氏女在人间的这一段结束，进入跟随小鬼牛头马面去阎王殿的途中。

人情、亲情、乡情是唱本的重点渲染部分，而充满人际纷争的世间在唱本中常常一笔带过，反而成了铺垫和背景。

4. 脚上三行字

唱本中对于王氏女的"脚上三行字"这个细节的描写别出心裁。王氏女前往阎罗殿，一路途经"滑油山""破刀山""望乡台""卖茶亭""鬼门关""铁狗场""善河江"，接着王氏女：

> 过了奈河桥一架，前行来到明镜山，
>
> 明镜山上三条路，两条黑路一条光，
>
> 有罪之人来到此，引条黑路让他行，
>
> 过了明镜山一座，前行来到丰都山。①
>
> ……

可以说，历经千辛万苦、艰难险阻，都没有动摇王氏女吃斋念佛的信念，没有改变王氏女对家人的牵挂。她在"奈河桥下念金刚，念了金刚十九卷，救了罪人无数双，个个恶人解了锁，位位叩谢王五娘"。她"过了奈河桥一架"，又历经了阎罗殿的十殿，长长的一串"走"，在行走之中，王

---

① 谢志民. 江永"女书"之谜［M］. 郑州：河南人民出版社，1991：1438-1439.

五娘的高尚品行已经跃然纸上，因此在一道一道阎罗殿的善恶薄上，王五娘都没有任何劣迹可查。于是：

> 王氏女子前面走，来到十殿转轮王，
> 即叫判官取出本，即查看经王五娘，
> 查过阳寿七十二，未曾寿满见阎君，
> 判官一本忙启奏，阎君万岁听短长，
> 王氏阳间念经女，取他前来对金刚，
> 剪破金刚九个字，短他阳寿二十双，
> 阎王听得如此话，便叫王氏去回阳。①

王氏女最后终于感动了阎王。阎王决定让王氏女投胎还阳。该选择一个怎样的家庭？外国，语言不通，不去；屠夫人家杀生，不去；打铁的人家打制兵器，不去；要去，就去个鱼米之乡的读书人家。这就是王氏女的理想，王氏女的选择仍然表现出她一贯的高尚的品行。王氏女从阴间重返人间，投胎转世，她的不寻常之处在哪里？她被送到东京张家庄姓孔的一户人家。

> 孔氏三更得一梦，梦见仙桃口内尝，
> 孔氏梦中忙吃了，不觉怀胎在心房，
> 怀胎一年将满了，得生一子苦非常，
> 金盆倒水来洗起，洗出脚上字三行，
> 上写曹州南迥县，清平乡里赵家庄，
> 本身叫着王氏女，嫁与丈夫赵令芳，
> 生下一男并一女，男子取名赵寿玉，
> 女子取名赵信香，王氏三十二岁死，
> 念经学佛命不长，会元大妻心欢喜，
> 女转男身到此间，三朝小儿取名字，
> 取名四宝小儿郎，自小生来多伶俐，

---

① 谢志民. 江永"女书"之谜［M］. 郑州：河南人民出版社，1991：1451-1453.

年赋十二入书房，师父与他取名字，

取名叫着张仕芳，先读常识鱼山水，

后读学经十八章，读得诗书知礼义，

记得文章千万章，本县学堂来取考，

文武童生都进城，三篇文章做得好，

新点秀士张仕芳，仕芳回与父母道，

父母在上听言章，东京城内挂出榜，

拓取天下读书人，我到东京去科学，

父母在上管田庄。①

　　唱本描写王氏女从一个女人转世投胎变成一个呱呱落地的男婴，刚刚用金盆打水洗过脚，脚上便出现了三行字。第一行写明她的家乡曹州南迥县，清平乡里赵家庄；第二行写明她的丈夫赵令芳；第三行写明她的一儿一女叫什么名字。历经磨难，从十八层地狱转世人间，王氏女投胎到一户殷实富裕、知书达礼的人家。与众不同的是，她仍然是王氏女，她的心里仍惦记着自己的家、丈夫和孩子。接踵而来的情节更为吸引人了，这个王氏女投胎的男孩张仕芳专心念书，考上了状元。

君王皇笔亲自点，亲点状元张仕芳，

圣上亲赐三杯酒，打马游街到城房，

满朝闻到都来贺，又送礼物与猪羊，

状元得礼心欢喜，多少荣贵去回乡，

大街迎受排香案，三街送香答上苍，

一谢天来二谢地，三谢父母养育恩，

虽然得中为状元，又思脚上字三行，

好笑思量三行字，曹州王宅我家乡，

仕芳心中生一计，行意写本奏君王，

---

① 谢志民. 江永"女书"之谜 [M]. 郑州：河南人民出版社，1991：1459-1465.

心中不想状元做，要到曹州走一趟。①

作为新得中的状元，张仕芳一路受到各地官吏的盛情接待，张仕芳的衣锦还乡好不风光。到了曹州知府上，新上任的知府张仕芳，不问官事，不谈政务。

> 现出脚上三行字，对了眼上字三行，
> 我是你妻王氏女，女转男身状元郎，
> 心中不想状元做，即时写本奏君王，
> 果然今日来相会，便问王氏葬哪方，
> 官人要去把坟看，人夫轿马一同行，
> 前世尸骨埋在此，今世得中状元身，
> 便把天车来车起，打开棺木一女娘，
> 棺木一齐来尸化，状元流泪落纷纷，
> 母子四人来修善，不在朝中保君王，
> 玉帝传下四人到，同落西天过光阴，
> 一世修行是女子，二世修行状元身，
> 龙宫海内立宫院，天下世上把名扬。②

最终的结局尤比圆满，王氏女成为伤离别的"冤魂"走了一遭地狱和阎王殿，后来又脱胎换骨成了男儿身，勤奋读书成了状元，她放着状元不当，要求回到家乡，皇上便封她为家乡曹州的知府，结果她放着高官也不做，心中牵挂的仍然是她的家、她的丈夫和儿女。而这种生死都要与家人团聚的情感感动了玉皇大帝，玉皇大帝便将他们一家四口接到天堂，他们一家人最后是在龙宫实现了大团圆的结局。历经千辛万苦，王氏女的最终的理想仍然是与家人团聚。似乎在这个理想面前，她当初念经书，与丈夫的不和，都在这生离死别的磨难中消解了。中国人的世俗理想仍然占了上风。这是中国人的平民意识，也是中国人对天人合一的桃花源的追求。

---

① 谢志民. 江永"女书"之谜 [M]. 郑州：河南人民出版社，1991：1471-1474.
② 谢志民. 江永"女书"之谜 [M]. 郑州：河南人民出版社，1991：1486-1490.

以上是《王氏女》的唱本情节分析，下面我们来看看对王氏女的人物形象分析。

（四）王氏女作为女性人物的形象分析

首先来看看王氏女这个女性人物的设计。唱本中的王氏女被描写为一位纯洁、高尚、智慧、坚韧的女性，几乎就是美德的化身；王氏女的丈夫被描写为屠夫、粗人，没有教养，没有文化，更没有什么崇高的精神追求，是一个典型的凡夫俗子，地道的乡下人。王氏女与她的丈夫形象形成鲜明对比，是人们心目中公认的"女神"。然而，中国的王氏女不同于外国希腊神话中的女神。王氏女历经磨难追求真善美，是建立在对回归家庭的期待的基础上的，而不是对于自己爱情的期待，更不是爱情和自由的象征。

与以往的民间文学中的女性形象相比，王氏女形象有哪些明显的变化呢？我们不难发现，流传在清末民初的《王氏女》有着明清时期文学塑造的美好女性的特征，这一时期，已经将女子的"无才便是德"演绎为"女才子便是德"。于是乎，王氏女不同于唐宋时期民间流传的田螺姑娘，更不同于汉魏时期流传的织女，甚至不同于南宋时期白蛇传里的白蛇娘子，与这些民间文学的女性形象相比，王氏女知书懂理，而且六根清净，虔诚修行，精通佛经，她一个家庭主妇却能体察百姓疾苦，在途经地狱时拯救无数生灵。她投胎为男儿身后，无比聪明，会读书，一举中了状元，被皇帝封为曹州的知府，还弃官不做，这一切的描写都将王氏女的精神境界烘托得十分崇高。甚至比当时的许多男性文人的境界更高，甚至可以说唱本中的王氏女，是无论男女、文人或草莽，都十分向往的一种人生成功的楷模，一种本土文化中呈现的崇高精神境界。

唱本流露出对女性不落红尘、不入世俗的向往，是典型的明清文人士大夫的理想，因此，也未能走出明清文人的性别局限。在男性眼中，女性无论如何完美，这种美仍然要落实到女性对家、家庭的忠实和对家人的关切，女性有再大的成就，最后的幸福还是表现为夫妻家人的团圆，无论这个家是否是夫妻恩爱，也要天长地久、团团圆圆。

中国古代文化与中国传统的生产关系、政治制度有着密切的联系，同时这些都建立在家庭的基础上。具体说来，中国文化不以个人为单位，而是建立在以家庭为基本单位的基础上。首先，家庭、家族是古代社会的经济单位、经济实体；其次，家庭、家族是生儿育女、生命体验、休养生息的重要场所；再次，家庭、家族是传播文化知识、生产技能和伦理道德的教育场所，家庭教育在古代人的一生中占有重要的地位；最后，家庭是伦理、规范的执行单位。综上所述，家庭、家族在古代的经济、政治、伦理道德、文化教育和个人生活各个方面都扮演了重要的角色。家庭、家族的重要角色是与中国宗法制度、家国同构的社会结构特征分不开的。①

"中国文化，全部都从家族观念上筑起，先有家族观念乃有人道观念，先有人道观念乃有其他的一切，所以中国人不很看重民族界限与国家疆域，又不很看重另外一世界的上帝，可以说全由他们看重人道观念而来。人道观念的核心是家族，不是个人。因此中国文化里的家族观念，并不是把中国人的心胸狭窄了闭塞了，而是把中国人的心胸开放了宽大了。

中国的家族观念更有一个特征，是父子观、母子观之重要性超过夫妇观，夫妇的结合，本于双方之爱情，可合亦可离。父母子女，则是自然生命之绵延。由人生融入大自然，中国人的所谓天人合一，正要在父母子女一线绵延上认识，因此中国人看夫妇缔合之家庭，尚非终极目标，家庭缔合之终极目标应该是父母子女之永恒联属，使人生延绵不绝。短生命融入长生命，家族传袭，几乎是中国人的宗教安慰。"②

江永女书是很典型的居家结社和家庭家族叙事文本，它所追求的价值观是家庭的团圆，是建立在家这个基础单位上的。我既赞成钱穆先生的中国文化里的家族观念"把中国人的心胸开放了宽大了"的说法；同时也觉得这种说法只是事物的一面，以家为本的另一面也可以说把中国人的心胸

① 王建科. 元明家庭家族叙事文学研究 [M]. 北京：中国社会科学出版社，2004：14.
② 钱穆. 中国文化史导论 [M]. 上海：上海三联书店，1988：3.

狭窄了闭塞了，因为它妨碍了中国社会公共空间的孕育、公共道德的培养和漠视了青少年妇女的权利，无视个性发展。

在中国民间说唱文学流传极为普遍的明清时期，由于妇女的参与，如女歌手、弹词说书人的群体出现，妇女写作者急剧增多。正如《中国文学史》在清代文学的"第九章民歌和讲唱文学"中所指出的："值得注意的是，这方面出现了不少女性作家……能够在一定程度上对妇女所遭受的压迫和束缚提出控诉，表达出倾慕于个性解放的强烈愿望……倾吐叛逆女性对于社会制度的强有力的控诉。"①

江永女书是一种独特的地理及人文造就的多元文化融合的乡村文化、地域文化和性别文化，是当地两性彼此接纳、彼此欣赏的，并有着独特地域色彩的民间文化现象。尽管它创造了一种专为女性认识的女性文字，但是其价值取向和审美取向都是基于一种中国民间的家庭家族叙事视角，同时在许多的细节处理和遣词造句上又突破了男权文化的局限。

总之，江永女书是一种复杂的文化现象，它产生在家国同构的社会中，同时又不同于中国北部大平原的主流文化，不可以将它简约化、概念化，从而导致对它的研究走入死胡同。我们提倡的是尊重江永女书的每一部原生态作品，以及那里的每一位传人、每一块砖瓦、每一道山峦和每一条小溪，也许，只有这样，我们才有可能破译江永女书之谜。

马金·路德金曾经说过，任何一个地方发生的不公义都是对所有地方公义的威胁。女书存在的一部分原因也可以归结于女性的被歧视。因此女书的成就同样可以看作对任何地方"女性歧视"的一种抗议，女书的成功可以看作世界女权先驱运动的一部分。

近年来，随着对传承中华文化的高度重视，对非物质文化遗产的保护，随着高等教育中的女性研究者队伍的壮大，江永女书，这一中国本土女性写作的文化遗产备受教育界、知识界、学术界广泛关注。张晓佳对女书的

---

① 中国科学院文学研究所中国文学史编写组. 中国文学史 [M]. 北京：人民文学出版社，1979：1142.

女性主义分析认为，"妇女与男性创作的一个显著区别就表现在对文学体裁的不同选择上"①。不管是出于娱乐还是发泄的心理，题材的改写，对生命对现实感觉的抒发，都体现出这些女性的理解的历史性。② 根据宫哲兵教授的调查和研究，他认为女书文字与女红图案有某种联系，亦与当地结拜姊妹的习俗有不解之缘，它的功能主要是满足结拜姊妹之间的文字交际需要。乡村女性使用女书可反映公共空间中，即宗教祭祀活动中的公共妇女形象，也可反映私人空间中结交姐妹的姐妹情义，同时个人通过历史题材、爱情婚姻题材、自传性女书叙事诗的书写，在个人/历史层面反映了女书参与者的主体意识。女书是珍贵的地方性知识与女性文化，是传统中国远离中心文化权利控制的社区具有较大的自主性的女性创造。

法国作家埃莱娜·西苏是这样展望妇女写作的前景的：身体写作，"我们将从潜意识场景走进历史场景"。身体写作要展示的是一种全身心拥抱世界的、博大的心脑并用的女性的创造力，是史无前例的历史的新的篇章，是一种崭新的话语。"人必须在自己之外发展自己。在戏剧中，你只能以一个几乎消弭四散的自己，一个已经转化为空间的自己来从事创作。那是一个能够同难以相处的世界融合一体的自己。但这个自己并非与生俱来，而是必须造就的。"妇女与男性相比更富有直观感受，更富有感性，她和男性写作有不大一样的地方。也许是男性写作更倾向理性的张力，而女性在写作时"能保持感动的力量——这成分就是歌，活在每一位妇女心中出自爱的第一声鸣响的第一首乐曲"③。

江永女书正是出自中国妇女心中的歌。当江永女书作为一种妇女创造的文化活动，同时是当地妇女"女织"的一种劳作、一种经济活动，女书不仅仅有纸质文本，更多见于妇女的服饰衣帽，当文化产品具有经济价值和实用价值时，便于得到家庭成员的认可和支持；同时，女书作为妇女自

① 张晓佳. 从女书论空间、时间中的乡村女性主体意识 [J]. 文艺评论，2011（5）：129-130.
② 张晓佳. 从女书论空间、时间中的乡村女性主体意识 [J]. 文艺评论，2011（5）：129-130.
③ 埃莱娜·西苏. 从潜意识场景到历史场景 [M]. 张京媛. 当代女性主义文学批评. 北京：北京大学出版社，1992：195.

传的书写，得到了妇女结拜姐妹的喜爱和传承，这种社会网络支持着江永女书的发展，共同的理想和信仰是江永女书的精神支柱和灵魂。而在当今，妇女事业发展，仍然需要寻求具有共同的信仰和价值观的妇女事业团队，因此，江永女书的研究和保护能够很好促进当代中国妇女研究与妇女事业的发展，同时也为世界妇女运动提供可贵的中国经验。

参考文献

[1] 谢志民. 江永"女书"之谜 [M]. 郑州：河南人民出版社，1991.

[2] 杨仁里，陈其光，周硕沂. 永明女书 [M]. 长沙：岳麓书社，1995.

[3] 赵丽明. 中国女书集成：一种奇特的女性文字资料总汇 [M]. 北京：清华大学出版社，1992.

[4] 宫哲兵，唐功晖. 女书通：女性文字工具书 [M]. 武汉：湖北教育出版社，2007.

[5] 费孝通. 乡土中国 [M]. 北京：北京大学出版社，1998.

[6] 恩格斯. 家庭、私有制和国家的起源 [M]. 北京：人民出版社，1999.

[7] 张京媛. 当代女性主义文学批评 [M]. 北京：北京大学出版社，1992.

[8] 高彦颐. 闺塾师：明末清初江南的才女文化 [M]. 李志生，译. 南京：江苏人民出版社，2005.

[9] 王政，张颖. 男性研究 [M]. 上海：上海三联书店，2012.

[10] 钱穆. 现代中国学术论衡 [M]. 北京：生活·读书·新知三联书店，2001.

[11] 钱穆，叶龙. 中国文学史 [M]. 成都：天地出版社，2016.

[12] 中国科学院文学研究所中国文学史编写组. 中国文学史 [M]. 北京：人民文学出版社，1979.

[14] 罗斯玛丽·帕特南·童. 女性主义思潮导论 [M]. 艾晓明，等，译，武汉：华中师范大学出版社，2002.

[15] 米歇尔·福柯. 性史 [M]. 姬旭升，译，西宁：青海人民出版社，1999.

[16] 远藤织枝，黄雪贞. 女书的历史与现状：解析女书的新视点 [M]. 北京：中国社会科学出版社，2005.

[19] 彭泽润. 湖湘文库：江永女书文字研究 [M]. 长沙：岳麓书社，2011.

[20] 孙康宜. 耶鲁·性别与文化 [M]. 上海：上海文艺出版社，2000.

附　录

一、谜语：女书与汉语对照影印件

脖头上挑水　　　坛

人不像人　鬼不像鬼

泡菜坛　高银仙抄存

1. 泡菜坛

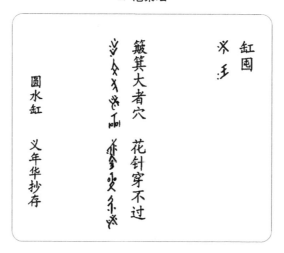

缸囤

簸箕大者穴　花针穿不过

圆水缸　义年华抄存

2. 圆水缸

挂起壁上溜尸水

人亦不像人　　鬼亦不像鬼

蓑衣

蓑衣　高银仙抄存

3. 蓑衣

四哥吹得哨

大哥臭　细哥谋　三哥飞得起

臭虫　虱子　跳蚤　蚊子

臭虫　虱子　跳蚤　蚊子　义年华存抄

4. 臭虫／虱子／跳蚤／蚊子

花带难捆　锭篮难拿

高桥难过　白马难骑

虹虎蛇　蜜蜂巢

虹虎蛇　蜜蜂巢

义年华抄存

5. 虹虎蛇

脚落地是圆毛　tɕi⁵⁵ lau⁴⁴ ta⁴⁴ sie³¹ kaŋ⁵¹ mau⁵¹

天上飞婆奶奶

1　the⁴⁴　caŋ⁵¹　fa⁴⁴　pu⁵¹　no³¹　no³¹

飞下来

2　fa⁴⁴　fue³¹　lo⁵¹

四

3　sa³¹

飞鼠鸟　po⁴⁴　cu³⁵　lai³⁵

6 蝙蝠　义年华抄存

6. 蝙蝠

一时结雪豆　一时结西瓜　月亮光

春天不下种　四季不开花

月亮　义年华抄存

7. 月亮

将军抓不到　皇帝奈不何

高山翻竹尾　平地走江湖

风

风　高银仙存

8. 风

望下望下套起你

你望我　我望你

布扣子　义年华抄存

布扣子

9. 布扣子

大官大府亦做过　（海虾）墨鱼不得尝　鬼子戏

白地起屋不要梁　堂兄胞弟不要娘

木偶戏　高银先仙存

10. 木偶戏

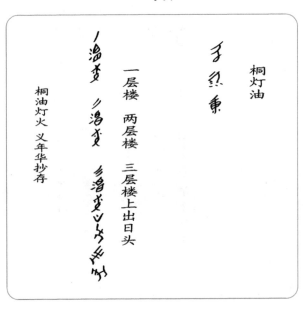

手把清凉伞　子子孙孙引起归　花薯

二月社前去　八月社后归

芋头　高银仙抄存

11. 芋头

桐灯油

一层楼　两层楼　三层楼上出日头

桐油灯火　义年华抄存

12. 桐油灯火

13. 酸枣子

黄缎子包肉油　包了肉油包骨头

肚腊蒽

酸枣子　高银仙抄存

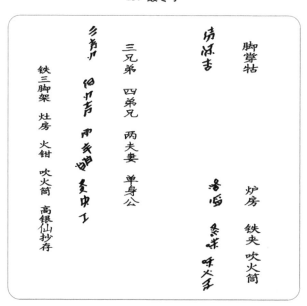

14. 铁三脚架/灶台/火钳/吹火筒

脚掌牯

三兄弟　四弟兄　两夫妻　单身公

炉房　铁夹　吹火筒

铁三脚架　灶房　火钳　吹火筒　高银仙抄存

打开传天下　遮在世间人　木棉

先开金玉花　后结歪嘴桃

棉花　高银仙抄存

15. 棉花

两个结拜三兄弟　身上带得五百兵　三弦

四四方方一只船　三条大路下古城

三弦　义年华抄存

16. 三弦

样样不饮衣裳

谈古警　古警谈　后头野人入了房

剪刀　义年华抄存

17. 剪刀

二、杨仁里、陈其光、周硕沂编译《永明女书》影印件

1. 周焕女：永历皇帝过永明

2. 高银仙：天开南门七姐妹

3. 高银仙：珠笔落文诗一首

4. 佚名：泪流记书本

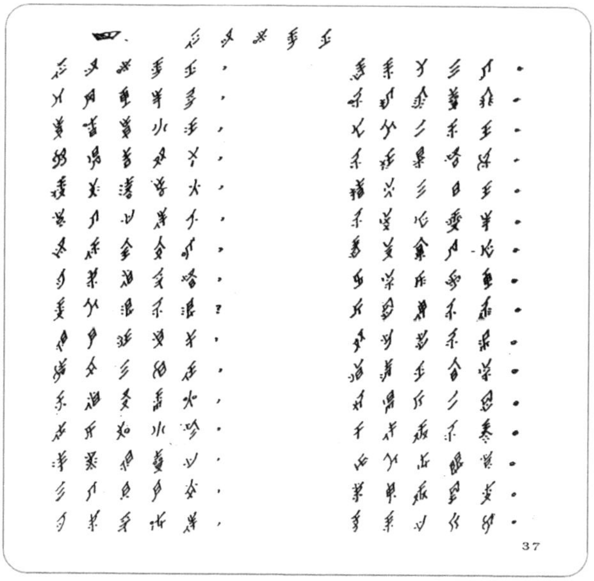

5. 胡慈珠：女书之歌

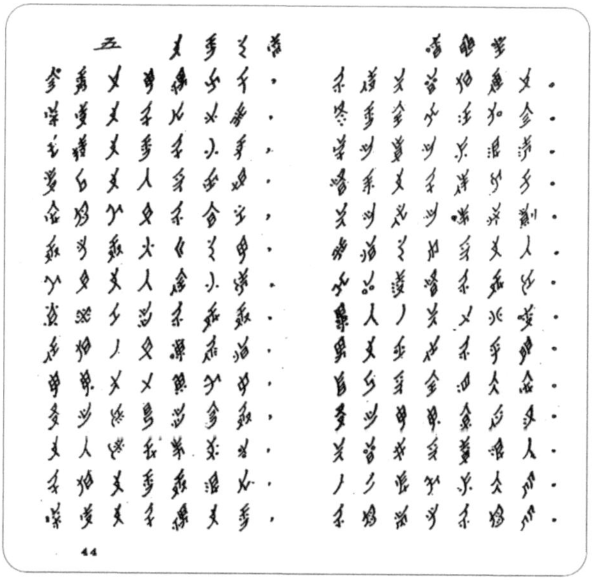

6. 胡慈珠：胡慈珠自诉

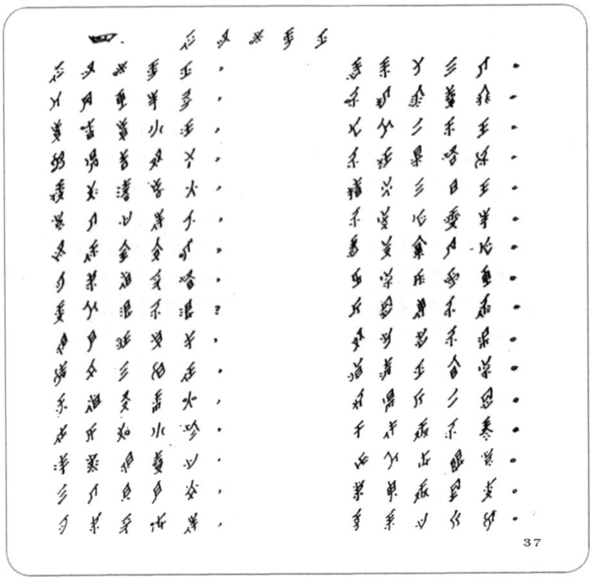

7. 佚名：书本共言来恭贺

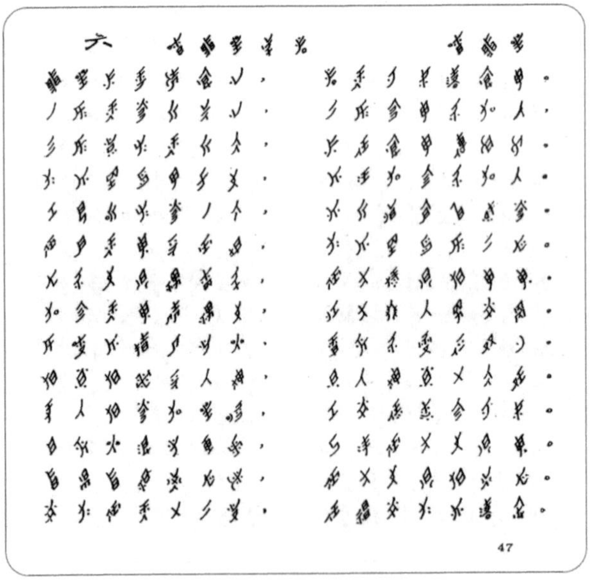

8. 胡慈珠：给唐宝珍信

9. 义年华：玉莲观灯

10. 义年华：收我真身到贵神

11. 阳焕宜：河边稚竹

12. 义年华：罗氏女

13. 佚名：农事歌

十三、农 事 歌

译：

正月锣鼓响丁当，　　二月锄田种子姜，
三月清明下谷种，　　四月插田又薅秧，
五月划船端阳节，　　六月捉蛙来熬汤，
七月挑骨炒绿豆，　　八月月亮透夜光，
九月重阳好过日，　　十月禾谷堆满仓，
十一月讨亲又嫁女，　　十二月年酒喷喷香。

14. 义年华：娇娘岂可让须眉

87

15. 十八岁女三岁郎

89

三、胡美月抄写三朝书选编影印件

1. 高楼手取珠笔做

2. 几侬商量做书本

几侬商量做书本，希望妹娘乐落他。　结交为情好恩义，
就曰一人拆散行，才曰将言来看望。　请起红门闹热多，
两侬还来结拜，合意隆恩没礼言。　被人不住给拆义，
我有三人无路行，问声妹娘乐不乐。　时刻隆情眼泪飘，
为你起头的好义，望曰先留情心。　二姐幸言第点恩，
也是少礼上高门，开天拆出嘴轻义。　立起高头要去边，
在劝一声妹娘听，伊起独自不莫阳。　就是可怜没写在，
可也两位嫂一名，娘守空房作三侬。　有个花孙闹热挡，
延你出乡多为妻，千顺心人胜钱商。　只有想开比想过，
与是近来不为住，我是寄搭有房居。　父母在房无想多，
同胞三侬连襟义，两位乃等得一位。　只疼等娘多苦尽，
气得无宗心礼哀，两位嫂娘相陪吧。　跟着姐大嫁也不欢，
隔天花孙也不陪，可怜连皇金没源芽。　望起小可嫂一位，
实在伤心好可怜，篡曰姑务令中好。　有个来孙闹热挡，
同妹坐椅出情气，到底所知只侬博。　咱们红花是无用，
吧边欢偶事世长，妹要听言你想着。　此边侬心你上头。

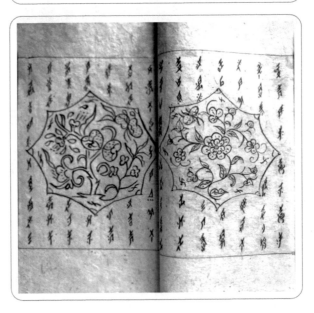

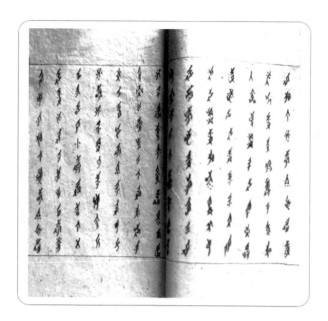

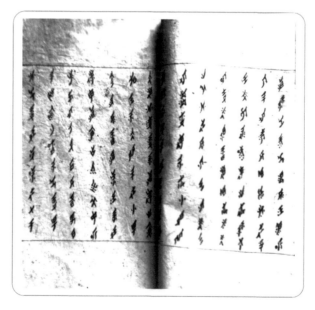

3. 几俟坐拢心不静

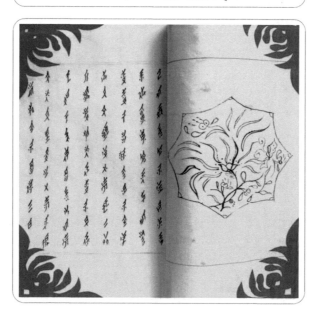

4. 楼前念想做书本

1.

楼前念想做书本，自樱姐娘身落他，禁望要聚多热闹，花等结缘亦没炉，多将时末二月接，百和十发野正思看，前日拆开同楼伴，时刻时时想不平，来望衙门请叠大，姐娘早回三朝日，得日团团我买乐，小时恰揣人合人，今此不由咱好日，只是念声眼泪飘，说间一声要子疼，妹哎在楼更不宽，屋色咱齐叔众伯，难从来生同父平，两儒小时伴好大，亦没礼言人曰人，可是不由口中说，各自各安不团圆，翘姐在他要记念，妹哎日时在你咋，也气千般千行事，难人足心敢喝苦，恨着可怜咱错投，送咛聘楼润热他，能哎父娘在世上，同胞五儒第二名，两集红花亦无用，姐哎世乡是难回，月你全揣不思炼，细说说声合看量，耳住在楼多翻挪，一点么声见底钱，三个弟即不老成，父母为人足操心，也是气咱实没用，燕子拖哎续下力，养得毛长各自各，天上无皇制靠礼，在他新楼半世收，三朝不同姐一位，可象几年几载春，学乎哉伊里细流尽，几时转归同从间，敢到衙门姐佳读，两儒坐揣等久鲜，望姐念声要知看，找收难时记念你

2.

可怜哉身没儒专，脚抬上楼之要霜，眼看望来你没达，抬起伤心好泪流，今日恨言到来府，勿敢请，敢请高来版考凑行，来府知之名麻样，叫我姐娘早回渡，两儒同停就敞针，现在不由给拆伴，叫姐早回齐合欢，千般事情有信凭。

甲午年 春　　二零一四年。

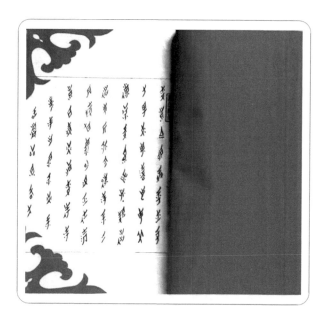

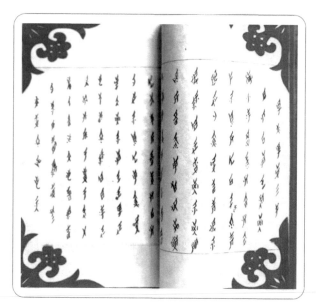

5. 书本传文将三日

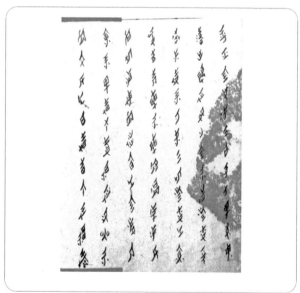

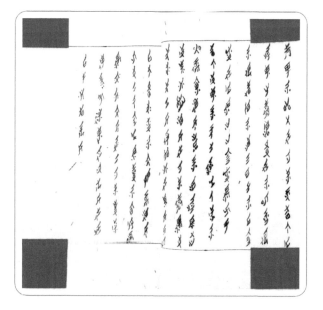

6. 五心乱容全不静

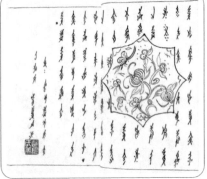

7. 静坐楼中把笔提

1. 静坐楼中把笔提，
   高点明灯满堂红。

7. 正赶同伴月时坐，
   歌声琅琅送上新，
   转身入门起眼看。
   姐姐在这眼调垂，
   如今姐到绣楼住，
   不愧要来停两年，
   之从选出姐就做，
   也是爹娘手上珠。
   礼节正事双章到，
   楼中闰女二十载，
   设此投着男儿子，
   可象几年几载春，
   正好同夷莲花样，
   把我姐娘女日收，
   同伴兄嫂真难言。
   姐在他乡要静言，
   不要焦心时记在，
   取笑年轻无礼人，
   粗文奉到贵府上，
   手拿花针有依身。

2. 粗字两行到贵家，
   今特时来冬天节。
   就日给人来拍敲门，
   花转如风到远府，
   不见姑娘在哪方，
   想着在家同楼伴。
   不知几时才回家，
   留得一年风吹过，
   手拿千般做不成，
   在与贵家好过日。
   相信爹娘得心欢，
   原本无望拖身伴，
   在现地争地一世信，
   垮上楼中无相伴，
   园中花开日日笑，
   叔众伯娘齐痛惜，
   刚好成人去待他，
   绣房室心尽平静，
   敬民人姓性元亲，
   在他不比绣楼坐，
   故请商亲多量宽，

3. 恭贺良门多调热，
   百物收气尽入包。
   前朝叔娘交全女，
   愿着恰开正正别，
   脚踏上楼冷雪翻，
   时刻信拨齐令次。
   彼此他们长停下，
   留得两年绣仔工，
   姐呗他乡绣房住。
   尽想在家多调地，
   咱是修来礼义女，
   养楼毛长多自飞，
   如今你身贵府住，
   手取千般做不成，
   被为他家给紧忙，
   妹娘年轻去就人。
   三朝行又几般说，
   现出细章奉双亲，
   不给他家人取笑，
   只是样般依礼行，
   叫我姐妹早回府。

乙未年，春，胡美月

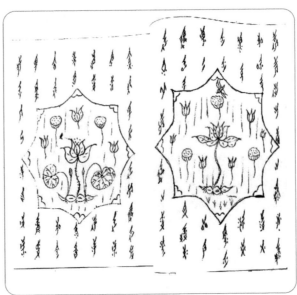

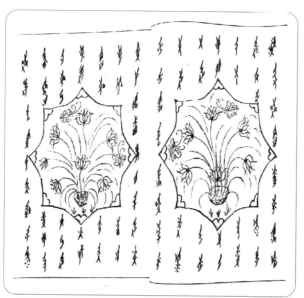

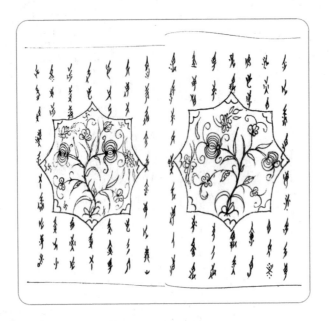

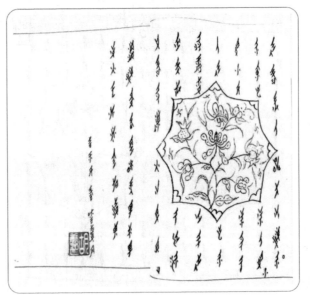